행동경제학

첫단추 시리즈
037

행동경제학

미셸 배들리 지음
노승영 옮김

교유서가

1년 동안 할일 없이 노닥거리면

장난도 노동만큼 지겨울 테지.

좀처럼 안 생기는 휴일을 환영하듯

기대하지 않은 일은 환영받기 마련이다.

— 윌리엄 셰익스피어, 「헨리 4세 제1부」(1막 2장, 193~196)

[『셰익스피어 전집』, 문학과지성사, 2016, 295쪽]

나의 할머니

아이린 배들리(1916~2009, 결혼 전 성은 베이츠)의

탄생 100주년을 기념하여 이 책을 바친다.

할머니가 삶에서 보여주신 지혜와

손녀들에게 아낌없이 베푸신 사랑을 기리며.

차례

경제학과 행동

행동경제학은 따끈따끈한 주제다. 행동경제학 연구는 경제학과 과학 분야의 일류 학술지에 단골로 실린다. 소셜 미디어에서도 주목을 끌며, 이 분야의 신간과 새로운 연구는 언론에 꾸준히 소개된다. 전 세계 정부와 정책 입안자가 행동경제학의 통찰을 정책 설계에 반영하고 있으며 주류 경제학자들도 모형을 설계할 때 행동경제학을 접목하는 경우가 늘고 있다.

행동경제학은 무엇이며 왜 이토록 주목받고 있을까? 행동경제학은 우리의 결정이 비용·편익의 합리적 계산과 더불어 사회적·심리적 요인의 영향을 받는다고 주장함으로써 경제학원리를 확대한다. 경제학의 외연을 넓혀 접근성을 키우기도한다. 경제학이 결정적으로 중요한 학문인 이유가 우리의 (개인적·국가적·국제적 차원에서, 또한 우리의 자녀와 미래 세대를 위한) 복리에 대한 것이기 때문임은 두말할 필요가 없다. 하지만 경제학을 난해하고 전문적인 학문으로 치부하는 사람도 많다. 경제학을 공부하지 않은 사람들은 핵심 개념을 이해하려면 골머리를 썩여야 한다. 행동경제학에는 이런 현실을 바꿀 잠재력이 있는데, 이는 많은 사람에게 훨씬 흥미롭게 다가갈 수 있기 때문이다. 행동경제학은 우리의 의사 결정을 더 직관적이고 덜 수학적으로 설명한다.

행동경제학이 흥미로운 또다른 이유는 기본 원리에 다수성과 다양성이 담겨 있기 때문이다. 행동경제학은 심리학(특히 사회심리학), 사회학, 신경과학, 진화생물학 같은 여러 학문의 통찰을 경제학에 접목한다. 이렇듯 학문의 경계를 넘어 생각들을 통합함으로써 행동경제학은 전통 경제학의 강점으로 여겨지는 분석 능력을 포기하지 않으면서도 경제적·재무적 행동에 대한 우리의 이해를 풍성하게 한다.

행동경제학은 왜 다를까?

대다수 경제학자는 사람이 (선택의 금전적 비용과 편익을 쉽고 정확하게 계산할 수 있는) 일종의 계산기이며 주위 사람들이 뭘 하는지 신경쓰지 않는다고 가정한다. 대다수 경제학자는 경제 문제가 발생하는 이유가 개개인이 오류를 저지를 수 있는 존재이기 때문이 아니라 시장과 이를 떠받치는 제도의 실패 때문이라는 전제에서 출발한다. 이를테면 장벽은 작은 회사가 시장에 들어오지 못하게 막을 뿐 아니라 크고 부유한 독점 기업이 시장을 지배하고 가격을 올리고 생산을 제한할 수 있게 한다. 정보가 왜곡되기도 한다. 시장이 미처 형성되지 않은 경우도 있을 수 있다. 이를테면 담배 연기나 오염을 거래하는 시장은 자연적으로 발생하지 않으므로 흡연이나 오염의 비용과 편익이 온전한 균형을 이루도록 가격이 책정되지 않는다.

행동경제학에서의 합리성

전통 경제학자들은 제약에서 합리성으로 초점을 옮기고 있으나 행동경제학자들은 사람이 초합리적 존재라고 가정하지 않는다. 오히려 합리적 의사 결정의 한계에 주목한다. 많은 행동경제학자에게 영감을 준 인물로 허버트 사이먼(Herbert Simon)이 있는데, 그는 심리학자이자 컴퓨터과학자였으며 노벨 경제학상을 받았다. 그가 제시한 유명한 개념으로는 우리가 결정을 내릴 때 여러 제약을 받는다는 **제한된 합리성**(bounded rationality)이 있다. 인지 제약은 최선의 전략을 선택하는 능력을 제한할 수 있다. 기억이나 숫자 처리 능력이 제약

되면, 정보가 부족하거나 인지적 처리에 필요한 시간이 모자라거나 그 밖의 선택지를 고려할 능력이 없어서 특정 선택지를 고를 수밖에 없을 때가 있다.

행동경제학이 발전시킨 합리성 개념은 이것만이 아니다. 또다른 노벨상 수상자 버넌 L. 스미스(Vernon L. Smith)는 **생태적 합리성**(ecological rationality) 개념을 발전시키고 있다. 그는 합리성이 우리가 처한 맥락과 환경에 좌우되므로 변할 수 있다는 가설을 제시한다. 비슷한 맥락에서 게르트 기거렌처(Gerd Gigerenzer)는 우리가 많은 정보를 수집하거나 복잡한 의사 결정 규칙을 적용할 시간이 없어서 실용적 합리성에 머무른다고 주장한다(현실에서는 빠르고 '인색'하게 결정해야 한다). 우리는 빠르고 단순하게 결정한다. 이 방법은 잘 통할 때도 있지만 자칫하면 체계적 행동 편향으로 이어질 수도 있다.

합리성의 의미에 대해 흥미로운 통찰을 제시한 또다른 경제학자로 하비 라이벤스타인(Harvey Leibenstein)이 있는데, 그는 **선택적 합리성**(selective rationality) 개념을 발전시켰다(버넌 L. 스미스의 생태적 합리성과 비슷하다). 우리는 언제 초합리성을 발휘할지 선택하며 경우에 따라서는 모든 가용 정보를 모조리 고려할 때도 있다. 하지만 다른 때는 현상 유지를 고집하여 (라이벤스타인의 말을 빌리자면) **무기력의 장소**(inert area)에 머물기도 한다. 이렇게 되면 우리의 선택은 '고착(sticky)'된다. 행동을 새로운 환경에 늘 효과적으로 적응시키지는 못하는 것이다. 행동이 고착되는 이유를 라이벤스타인은 두 가지로 설명한다. 첫째 이유는 선택을 바꾸는 비용이 너무 크다고 판단했기 때문이고, 둘째 이유는 그저 너무 게으르고 시큰둥하기 때문이다.

이렇듯 행동경제학자들은 합리성의 의미에 대해 다종다양한 견해를 제시하되 대체로는 합리성이 변화 가능하며 우리가 처한 상황에 좌우된다고 인정한다. 좋은 정보를 접할 수 없을 때, 서둘러야 할 때, 인지 제약이나 사회적 영향력을 경험할 때—이럴 때 우리는 시간과 정보가 충분한 완벽한 세상에서라면 내리지 않았을 결정을 내릴 수도 있다.

데이터의 제약

이런 형태의 경제학에는 많은 장점이 있지만, 행동경제학자들에게 핵심적인 제약은 적절하고 신뢰성 있는 데이터를 찾는 데 있다. 행동경제학자들은 실험을 통해 데이터를 수집한다. 하지만 전통적인 경험적 접근법에서는 정부와 국제 통계 기구가 수집하여 발표한 역사적 데이터를 계량경제학적이고 통계적인 방법으로 분석한다.

행동경제학자들은 정확히 무엇이 사람들의 선택을 좌우하

느지는 아직 모르는 채 사람들이 생각하고 느끼는 과정을 추측하려고 한다. 전통적 경제 데이터는 관찰된 선택과 결과라는 형태를 띠기 때문에, 표준 경제학의 데이터 출처는 이 점에서 행동경제학에 별 도움이 안 된다. 행동경제학자들은 설문 조사 데이터를 활용할 수 있는데, 이를테면 사람들이 자신의 행복과 후생을 어떻게 지각하는가에 대한 설문이 요즘 들어 인구 주택 총조사에 포함되는 추세다. 하지만 설문 조사 데이터에는 한계가 있다. 연구자가 대표적 표본을 어떻게 알아볼 것이며 설문에 거짓으로 답하거나 잘 알아듣지 못한 채 답하는 경우에 어떻게 대처할 것인가?

실험 데이터

실험실 실험(laboratory experiment)은 행동경제학자들이 데이터를 수집하는 가장 흔한 방법이다. 많은 실험실 실험의 문제는 대학에서 진행된다는 것과 주로 대학생들이 피험자가 된다는 것이다. 실험실에서 학생들이 내리는 선택은 현실에서의 선택과 일치하지 않을 수 있는데, 이 경우 실험 데이터의 **외적 타당성**(external validity)이 결여되었다고 말한다. 즉, 실험 결과가 현실에 부합하지 않는다. 따라서 (이를테면) 학생이 상거래 실험에 참가했을 때 관찰된 선택은 실제 상인의 행동과

무관할지도 모른다. 학생들은 지식과 경험이 제한적이며 성
공하려는 동기가 강하지 않을 수 있기 때문이다.

실험 데이터의 신뢰성을 떨어뜨리는 또다른 중대한 걸림돌
은 실험 설계다. 경제학에서는 '반듯한' 통제 실험을 구성하기
힘들 수도 있다. 몇몇 경제학자가 행동경제학자들의 초기 실
험 결과를 비판한 근거는 실험 참가자들의 반응으로 보건대
참가자들 자신이 무엇을 해야 할지 몰라 우왕좌왕했다는 것
과 이상 행동으로 간주된 것이 실은 순수한 체계적 편향이 아
니었다는 것이다. 윤리적 상충 관계도 있다. 실험 참가자가 불
쾌한 일을 겪게 하는 것은 허용되어야 할까? 특히나, 만일 그
들이 취약한 여건에 처한 병원 환자라면? 실험 참가자를 속이
는 것은 정당할까? 기만이 전혀 결부되지 않은 인공적 실험을
설계하는 것이 가능할까?

서베이 몽키(Survey Monkey), 프롤리픽 아카데믹(Prolific
Academic), 태스크 래빗(Task Rabbit), 그리고 차츰 늘고 있는
모바일 앱 같은 도구를 사용하면 실험을 온라인으로 수행할
수도 있다. 이 방법은 값싸며 대규모 실험 데이터를 매우 쉽고
빠르게 얻을 수 있다. 하지만 대표적 표본을 쓰고 있다고 어떻
게 확신할 수 있을까? 참가자가 동기 부여가 되지 않은 채 실
험 참가로 돈을 버는 데만 혈안이 되어 마구잡이로 컴퓨터 자
판을 누르면 어떻게 해야 할까? 실험 참가자가 현실에서처럼

행동하도록 동기를 부여하는 것은 행동경제학자들에게 중대한 문제다. 학계는 연구 예산이 부족한 경우가 많기에 더더욱 그렇다.

신경과학 데이터와 신경경제학

실험 데이터에 신경과학 데이터를 접목하면 몇 가지 핵심적 영향을 명확히 밝히는 데 유리하며 이를 위해 다양한 신경과학 기법이 동원된다. 뇌 손상 환자의 선택을 관찰하면 어떤 뇌 부위가 경제적 결정에 관여하는지 알 수 있다. 이와 마찬가지로 뇌 영상화 기법(이를테면 기능적 자기공명영상)은 경제적 결정이 특정 뇌 영역의 신경 반응과 어떤 관계가 있는지 보여줄 수 있다. 인기가 커지고 있는 또다른 기법으로 경두개자기자극(transcranial magnetic stimulation, TMS)이 있는데, 이것은 뇌의 특정 부위를 자극하여 이 일시적 개입의 결과로 사람들의 선택이 어떻게 달라지는지 살펴보는 방법이다. 생리 반응(심박, 맥박 등)을 모니터링하거나 호르몬 수치(이를테면 신뢰 연구에서는 옥시토신 수치를 측정하고 금전적 위험 감수 연구에서는 테스토스테론 수치를 측정한다)를 측정하는 등 더 간단하고 값싼 신경과학 도구들도 있다.

신경과학 데이터의 주요 이점은 비교적 객관적이라는 것이다. 설문 조사에서는 응답자가 (신뢰도가 낮은) 주관적 견해를 표명할 수도 있고 거짓말을 하거나 응답을 조작할 수도 있다. 하지만 신경과학적 도구로 측정하는 생리 반응은 실험 참가자가 조작하기가 (불가능하지는 않을지라도) 훨씬 힘들다. 물론 실험 설계에 스며든 실험자의 편향까지 제거할 수는 없겠지만.

자연 실험과 무작위 통제 실험(RCT)

앞에서 말했듯 표준 실험의 한 가지 문제는 외적 타당성이 결여될 수 있다는 것인데, (실험 대상을 찾을 수만 있다면) **자연 실험**(natural experiment)으로 이 문제를 해결할 수 있다. 자연 실험 데이터는 현실의 사건과 행동에서 우연히 생겨난다. 일례로 경제학자 스테파노 델라비냐(Stefano DellaVigna)와 울리크 말멘디어(Ulrike Malmendier)는 (6장에서 서술할) 헬스장 등록 및 출석 데이터를 연구하여 많은 사람들이 열심히 다니지도 않을 거면서 체육관에 거액의 등록비를 지불한다는 사실을 밝혀냈다. 하지만 자연 실험에서는 좋은 데이터가 드물며, 이런 데이터 출처에만 의존하면 훌륭한 성과를 거두기 힘들다. 한 가지 해결책은 무작위 통제 실험(randomized controlled trial, RCT)을 활용하는 것이다. RCT는 임상 시험에서 치료 효과를 확인하기 위해 흔히 쓰는 실험 방법으로, 시험적 치료를 받는 실험 참가자에게 미치는 영향과 위약(僞藥)을 받는 통제군의 실험 참가자에게 미치는 영향을 비교한다.

행동경제학자들은 이 방법을 도입하여 통제군의 반응과 실험군의 반응을 비교한다. 하지만 위약에 해당하는 사회경제적 조건을 설계하기가 힘들기 때문에 이런 연구에 참가하는 통제군은 아무 개입도 받지 않는다. 이 때문에 행동경제학 RCT에서는 개입 자체가 행동을 변화시키는지, 아니면 순수한 효과와 무관하게 어떤 개입에든 긍정적으로 반응하는 사람들로 인한 일종의 경제적 위약 효과가 발생한 것인지 단정하기가 불가능하다. 그럼에도 RCT는 발전 개입이 사회경제적 결과에 미치는 영향을 연구하는 행동발전경제학자들에 의해 널리 쓰인다.

핵심 주제

행동경제학 문헌은 어마어마하게 많다. 도서관 하나를 채울 수 있을 정도다. 이 책에서는 몇 가지 핵심 주제에 집중할 텐데, 무엇이 우리에게 동기를 부여하는가, 우리는 사회적 영향력에 어떻게 휘둘리는가, 우리는 어떻게 왜 실수를 저지르는가, 우리는 어떻게 판단하고 위험을 오판하는가, 우리의 근시안적 성향이나 성격, 기분, 감정이 어떻게 선택과 결정을 좌우하는가 등의 주제를 이후의 장에서 살펴본다. 이 핵심적인 행동경제학적·미시경제학적 원리들을 살펴본 뒤에는 이 모든 원리를 어떻게 행동거시경제학 안에 묶을 수 있을지 탐구한 다. 그런 다음 행동경제학적 통찰에 바탕을 둔 여러 영향력 있 는 정책 연구 사례를 들여다보며 공공 정책 입안자들이 어떤 정책적 함의와 교훈을 받아들이고 있는지 알아본다.

제 2 장

동기와 유인

　　경제학자들이 대화하는 광경을 구경하다보면 ― 이를테면 학술 대회장에서 ― 얼마 지나지 않아 누군가의 입에서 '유인 (誘引)'이라는 말이 나온다. 유인은 경제 분석의 근본적 동인이다. 유인은 사람들이 더 열심히 일하고 더 나은 성과를 거두도록 장려하며 기업들이 더 좋은 제품을 더 많이 공급하도록 유도한다. 경제학자들은 대체로 화폐가 주된 유인이라고 가정하는데, 화폐가 객관적인 ― 반드시 정확하거나 공정한 것은 아니지만 ― 가치 측정 기준이 될 수 있음은 의심할 여지가 없다. 화폐는 일상생활의 많은 영역에서 우리에게 동기를 부여한다. 우리가 구입하는 재화와 용역에 얼마큼의 가격을 지불하거나 지불하지 않는지, 우리가 얼마큼의 임금을 받거나 받지 못하는지는 화폐에 의해 결정된다. 가격과 임금의 상승은 더 생산적이고 나은 의사 결정에 대한 보상이다. 금전적 유인은 시장이 다양한 사람과 기업의 선택을 조율하도록 뒷받침한다.

행동경제학자로서 나는 가격과 화폐가 우리로 하여금 더 열심히 일하고 더 나은 성과를 거두도록 동기를 부여하는 강력한 유인임을 부인하는 것이 아니다. 그 밖의 다종다양한 사회경제적·심리적 요인도 우리의 의사 결정에 영향을 미친다는 것이다. 우리에게 동기를 부여하는 것은 돈만이 아니다. 나는 학자로서 민간 부문에서만큼 두둑한 급여를 받지 못한다. 물론 나의 생애 소득을 따져보자면, 두둑한 연금을 받고 직업 안정성이 훨씬 크다는 사실로 내가 지금 당장 소득을 극대화하지 않는 이유가 설명된다. 하지만 이게 전부가 아니다. 나의 일에는 순수하게 즐거운 요소가 있기 때문이다. 이 요소들은 나의 비(非)금전적 동기를 자극한다. 이따금, 복권에 당첨되어 먹고살 걱정이 없어지더라도 일을 그만두지는 않겠다는 생각을 한다. 나의 일은 내가 받는 돈과는 전혀 별개로 나름의 즐거움을 선사하기 때문이다.

내적 동기·유인 대 외적 동기·유인

우리는 직장 생활에서 날마다 이 현상을 목격한다. 직장에서는 저마다 다른 여러 금전적·비금전적 보상이 동기를 부여한다. 대부분의 사람은 일에 대한 대가를 받고 싶어하지만 모두가 돈만 바라보고 일하는 것은 아니다. 열심히 일하고 번듯한 직업을 가졌을 때 얻게 되는 사회적 보상(이를테면 사회적 인정)을 바라는 사람도 있다. 자선 활동가처럼 도덕적 유인에 이끌리는 사람도 있다. 많은 예술가들이 그렇듯, 또 어떤 사람들은 자신이 하는 일이 좋아서 벌이가 신통치 않아도 그 일을 한다.

행동경제학자들은 우리의 결정과 선택에 미치는 이런 다양한 영향들을 두 가지 폭넓은 범주로 나눈다. 그것은 **내적**(intrinsic) 동기·유인과 **외적**(extrinsic) 동기·유인이다.

외적 동기

외적 동기는 우리 개개인의 바깥에 있는 유인과 동기를 일컫는다. 이를테면 우리로 하여금 하고 싶지 않은 일을 하도록 세상과 주위 사람들이 부추기는 경우다. 그러면 우리의 행동은 우리 바깥에 있는 무언가에 의해 좌우될 수밖에 없다. 이때 우리에게는 유인의 형태를 띤 외적 동기가 필요하다. 흔하고 강력한 유인은 돈이다. 우리가 일하는 이유는 임금을 받기 때문이다. 더 강력한 외적 유인으로는 신체적 위협이 있다. 하지만 외적 동기는 비금전적 유인—이를테면 인정과 성공 같은 사회적 보상—에서 올 수도 있다. 임금 인상, 좋은 시험 성적, 상장과 부상, 남들의 인정 등은 모두 외적 보상이다.

내적 동기

내적 동기는 우리의 내적 목표와 태도가 미치는 영향을 일컫는다. 내적 반응은 이따금 우리가 노력하도록 독려한다. 우리는 외적 보상에 이끌려서가 아니라 우리 자신을 위해 노력한다. 직업적 자부심이든 의무감이든 대의에 대한 충성심이든 수수께끼를 푸는 즐거움이든 신체 활동의 쾌감이든, 우리 내부의 무언가에 의해 내적으로 동기가 부여되면 외적 유인은 없어도 된다. 체스나 카드놀이, 컴퓨터 게임을 할 때 우리는 도전을 즐기며 그 즐거움을 추동하는 것은 우리 내면의 무언가다. 많은 장인과 공예가는 자신의 일을 즐기고 자부심을 느낀다. 자신과 가족이 먹고살 돈이 필요하기에 돈으로부터 초연할 수는 없지만 돈은 동기를 부여하는 여러 요인 중 하나에 불과하다.

몰아냄(구축) 효과

외적 동기와 내적 동기는 서로 독립적이지 않다. 외적 동기는 우리의 내적 동기를 몰아낼(crowd out) 수 있다. 이것은 우리의 내적 동기가 외부의 보상에 짓눌릴 때 일어난다. 이 현상이 어떻게 일어날 수 있는지 보여주는 몇 가지 실험이 있다. 내적 보상을 몰아내는 현상에 대한 어떤 연구에서는 대학생들에게 몇 가지 문제를 풀도록 했는데, 학생들을 임의의 두 집단으로 나눠 한 집단에는 대가를 주고 다른 집단에는 주지 않았다. 놀랍게도 둘째 집단의 일부 학생은 첫째 집단보다 나은 성적을 거뒀다. 대가를 받지 못한 학생들이 지적 도전을 즐긴 반면에 대가를 받은 학생들은 아마도 비교적 낮은 금액에 의욕이 꺾였을 것이다. 학생들은 대가를 받으면 과제의 지적 도전(내적 동기)을 즐기지 못했으며, 충분한 대가(외적 동기)를 받는지 여부에 집착했다. 다른 연구들에서도 약소한 대가가 의욕을 떨어뜨리며 아예 대가를 지불하지 않을 때보다 못한 결과로 이어진다는 사실이 밝혀졌다. 약소한 대가는 내적 동기를 몰아내면서도 외적 동기를 온전히 자극할 만큼 충분한 외적 유인을 주지는 못하기 때문이다.

외적 유인과 역유인(disincentive)은 일상생활에도 영향을 미치며, 경제학자 유리 그니지(Uri Gneezy)와 알도 루스티치니(Aldo Rustichini)의 어린이집 연구에서 보듯 종종 생각지도 못한 결과를 낳기도 한다. 이스라엘의 한 어린이집은 부모들이 자녀를 데리러 오면서 지각하는 것 때문에 골머리를 썩이고 있었다. 교사들은 부모가 올 때까지 아이를 돌보느라 하원 시간이 지난 뒤에도 퇴근하지 못했다. 이 때문에 어린이집과 교사들에게 비용과 지장이 발생하자 어린이집에서는 억제 수단으로 벌금 제도를 도입하기로 했다.

결과는 놀라웠다. 벌금을 물리자 지각하는 부모의 수가 (감소한 게 아니라) '증가'한 것이다. 연구자들은 그 이유가 부모들이 벌금을 억제 수단으로 해석하지 않았기 때문이라고 추측했다. 부모들은 벌금을 대가로 해석했다. 어린이집이 정상적일과 이후에 아이들을 돌보는 가외 서비스를 제공한다고 여긴 것이다. 일부 부모는 이 가외 서비스에 대해 대가를 지불할 의향이 있었으며 그들은 이것을 호혜적이고 서로에게 유익한 거래로 여겼기 때문에 ― 어쨌든 어린이집은 돈을 더 벌었으니까 ― 예전에 그나마 지각을 막아주던 죄책감조차 느끼지 않았다. 이 또한 내적 동기를 몰아내는 것으로 볼 수 있다. 벌금을 도입하기 전에는 많은 부모들이 어린이집에 협조하고 그들을 배려하여 최대한 자주 제시간에 도착할 내적 동기를 느꼈을지도 모른다. 하지만 벌금이 도입되자 상황에 대한 인식이 달라졌다. 늦게 도착하는 호사에 대가를 지불하는 것일 뿐이라고 생각하게 된 것이다. 벌금의 금전적 역유인은 협조적 학부모가 되려는 내적 동기를 몰아냈다.

헌혈은 외적 동기가 내적 동기를 언제 어떻게 몰아내는지 보여주는 또다른 중요한 사례다. 낮은 헌혈률은 많은 나라의 골칫거리인데, 몇몇 경제학자들은 더 많은 사람들이 헌혈하도록 독려하는 새로운 방법을 모색했다. 명백한 경제적 해법은 헌혈자에게 대가를 지불하는 것이다. 하지만 헌혈을 장려하려고 실험적으로 대가를 도입했더니 뜻밖의 역효과가 났다. 사람들의 헌혈 의향이 커지기는커녕 작아진 것이다. 이에 대한 한 가지 설명은 금전적 보상이라는 외적 동기 때문에 좋은 시민이 되려는 헌혈자의 내적 동기가 훼손되었다는 것이다.

친사회적 선택과 이미지 동기

기부는 외적 동기와 내적 동기가 복잡하게 상호 작용함을 보여주는 또다른 사례다. 어떤 사람들은 도덕적 또는 종교적 의무감에서 기부하고 또 어떤 사람들은 좋은 사람으로 보이고 싶어서 기부한다. 많은 사람들은 복합적인 이유에서 그렇게 한다. 마크 저커버그(Mark Zuckerberg)와 그 아내가 첫 아이의 출생을 기념하여 전 재산의 대부분을 기부했을 때 이 선택은 세상을 도우려는 내적인 도덕적 동기에서 비롯되었을까, 아니면 너그러운 박애주의자로 남들에게 존경받기 위한 선택이자 사회적 평판을 높이는 방법이었을까?

행동경제학자들은 이런 자선의 동기를 더 깊이 연구하여 외적 보상이 베풂과 자선 같은 친사회적 행동의 평판 가치를 언제 어떻게 '훼손'할 수 있는지 탐구했다. 이에 따르면 사람들은 자신의 '베풂'으로부터 개인적 이익을 얻을 수 있고, 이 이익에 대한 정보가 공개되면 덜 베푸는 경향이 있다. 우리의 젊은 연구자 한 명이 말해줬는데, 태국에서는 축제나 장례식이 열릴 때 사람들이 봉투에 이름을 쓰고 부조금을 넣는다고 한다. 봉투를 부조금 받는 사람에게 직접 주기도 하는데, 그러면 그가 부조금 낸 사람의 이름과 액수를 기록한다. 나중에 주최측은 마을 곳곳에 설치한 확성기를 통해 부조한 사람의 이름과 액수를 보란듯이 공개한다. 반경 1킬로미터 안에 있는 모든 마을 사람들이 이 방송을 들을 수 있으며, 어른들은 아이들에게 명단을 귀기울여 들으라고 가르친다.

이런 행동 유형은 사회적 평판이 우리에게 중요함을—특히, 베풂과 자선이라는 맥락에서—보여주는데, 이것은 사회적 유형의 외적 동기인 **이미지 동기**(image motivation)의 예시다. 어떤 선택은 평판을 끌어올리고 싶거나 이미지를 개선하고 싶은 마음에서 비롯된다.

댄 애리얼리(Dan Ariely) 연구진은 이미지 동기의 영향을 탐구하기 위해 외적 보상이 남들 눈에 보일 때 친사회적 선택이 어떤 영향을 받는지 살펴보았다. 이 연구진은 자선 단체에 기부하는 행위가 이미지 동기에 좌우되며 자신이 좋은 사람임을 남들에게 알리는 방법이라는 가정에서 출발했다. 하지만 자선에 대한 보상으로 추가 이익을 얻을 수 있거나 우리의 자선이 다른 식으로 보상받는 것을 모두가 알 수 있으면 이미지 동기가 약해진다. 우리가 자선 단체에 기부했다는 사실이 공공연히 알려지는 것은 우리가 자신이 좋은 사람이라는 신호를 남들에게 보내는 셈이다. 하지만 우리가 자선 행위로부터 개인적 이익을 얻고 있음을 남들이 알 수 있다면 자선이 가지는 사회적 신호로서의 가치가 희석된다.

댄 애리얼리 연구진은 이 발상을 검증하기 위해 '자선 클릭(Click for Charity)' 실험을 설계했다. 그들은 사람들을 두 자선 단체 중 하나에 무작위로 배정했다. 하나는 '좋은' 단체인 미국적십자사였고 다른 하나는 '나쁜' 단체인 전미총기협회였다. 그런 다음 노력이 거의 들지 않는 과제—이를테면 키보드에서 'x'나 'z'를 누르는 것—를 수행하라고 실험 참가자들에게 요청했다. 모든 실험 참가자는 키를 누르는 단순한 과제를 수행하면 자신의 자선 단체가 기부를 받는 보상을 받았다. 추가의 개인적 이익이 어떤 영향을 미치는지 검증하기 위해 실험 참가자들을 두 집단으로 나눠 한쪽은 성적이 좋으면 직접 돈을 받을 수 있도록 하고 다른 한쪽은 어떤 추가적 보상도 해주지 않았다. 그러고는 이 두 집단을 '자선 클릭' 과제의 성적이 나머지 피험자들에게 공개되느냐 참가자 개인과 실험자만 알고 있느냐에 따라 다시 둘로 나눴다.

가장 많이 노력한 집단은—키 누름 횟수로 측정했다—당연하게도 '좋은' 단체(적십자사)를 위해 과제를 수행한 사람들이었다. 놀라운 사실은 화폐 유인 대 이미지 동기의 관점에서 내적 동기와 외적 동기의 복잡한 상호 작용을 참가자들에게서 관찰할 수 있었다는 것이다. 가장 좋은 성적을 낸 집단은 돈을 받지 않되 자신의 노력이 공개된 사람들이었다. 이미지 동기는 그들이 뛰어난 성적을 거둔 이유에 대한 가장 유력한 설명이다. 그들이 자신의 사회적 평판을 높이려고 애쓴 이유는 자신의 노력이 공개될 터였기 때문이다. 성적이 가장 나쁜 집단도 추가적인 화폐 유인을 받지 않은 것은 마찬가지였지만 그들의 경우 자신들의 노력이 공개되지 않았다. 그들은 얻을 것이 전혀 없었다. 추가 소득도 없었고 사회적 가치도 얻을 수 없었다(자신들이 노력했는지 여부를 아는 사람이 아무도 없기 때문에). 하긴 사회적 보상도 금전적 보상도 없는데 둘째 집단이 조금이라도 노력해야 할 이유가 어디 있었겠는가?

가장 흥미로운 발견은 노력의 대가로 추가적인 개인적 소득을 받은 사람들에게서 나왔다. 그들은 가장 좋은 성적을 거둔 집단(즉, 개인적 소득을 전혀 받지 않았지만 자신의 노력이 공개된 사람들)보다는 덜 열심히 참여했다. 이 연구로 보건대 이미지 동기는 (적어도 자선 기부의 맥락에서는) 금전적 보상보다 강력한 유인인 듯하다. 하지만 이미지 동기가 기존의 금전적 유인을 완전히 몰아내지는 않는다. 대가를 받은 두 집단 중에서 자신의 노력이 공개된 사람들은 공개되지 않은 사람들보다 더 나은 성과를 거뒀다.(원문과 달리 "자신의 노력이 공개되지 않은 사람들 중에서는 대가를 받은 사람들이 받지 않은 사람들보다 더 나은 성적을 거뒀다"라고 해야 앞 문장을 뒷받침할 수 있을 듯하다─옮긴이) 이미지 동기와 금전적 보상 둘 다 유인의 효과를 발휘했다.

전체적으로 보자면, 이 연구와 그 밖의 연구들에서 나타난 결과는 대다수 경제학자들이 예측할 법한 사실을 확증한다. 그것은 금전적 유인이 익명 기부를 장려할 수 있다는 것이다. 기부자에 대한 세액 공제 조치─이를테면 영국의 기프트에이드(GiftAid)─가 현실에서 잘 통하는 것은 이 때문인지도 모른다. 하지만 경우에 따라서는 금전적 유인이 듣지 않을 때도 있다. 기부 행위에 대한 세액 공제를 활용하지 않는 사람도 많은데, 이는 환급 신청에 드는 비용과 미루기(procrastination) 때문일 수 있다(이 주제는 6장에서 살펴본다). 이 연구들은 또다른, 더 효과적일 수도 있는 정책적 교훈을 제시한다. 그것은 사람들의 자선 충동이 더 쉽게 공개될 수 있도록 하면 자선 성향이 커지리라는 것이다. 이 효과는 세액 공제 같은 기존의 금전적 유인보다 더 강력할지도 모른다. 소셜 미디어가 지배하는 세상에서는 자신의 착한 성격과 너그러움을 홍보할 기회가 있기에 기부 행위의 가능성이 더 크다.

이런 결과는 자선 부문의 임원 급여에 대한 논쟁과도 관계가 있다. 자선 단체 최고 경영자들에게 영리 기업만큼 높은 임금을 지불하면, 이 일에 이끌리는 사람의 관점에서 또한 잠재 기부자의 부정적 인식이라는 관점에서 자선에 역효과를 낼 수도 있다. 자선 단체 최고 경영자가 금전적 유인에 강한 동기를 느끼는 것처럼 보이는 것은 자선 활동에 기대되는 에토스에 반하며 자선 단체의 평판을 실추시킬 우려가 있다. 나 같은 잠재 기부자는 이런 자선 단체에는 기부하고 싶지 않다고 판단할지도 모르겠다.

일에 동기 부여하기

유인과 동기는 내적인지 외적인지를 불문하고 우리의 직장 생활에도 큰 영향을 미친다. 대다수 직장인에게 동기를 부여하는 것은 내적 영향과 외적 영향의 상호 작용이다. 외적 유인과 동기의 사례로는 우리가 받는 임금과 고용되었을 때 얻는 사회적 인정 — 특히, (의료계나 교육계처럼) 가치를 인정받는 직업일 경우—이 있다. 일에는 내적 동기도 작용하는데, 이를 테면 우리는 도전을 즐기거나 무언가를 한다는 것에 만족을 느끼거나 개인적 야심에 의해 동기를 부여받는다.

유인과 동기에 대한 행동경제학의 이러한 통찰은 임금이 직원의 노력과 생산성에 미치는 영향을 이해하는 가장 강력하고 효과적인 접근법 중 하나인 **효율 임금 이론**(efficiency wage theory)에 접목될 수 있다. 효율 임금 이론은 경제적·사회심리적 영향이 직장 생활에 어떻게 동기를 부여하는지에 대한 것이다. 효율 임금 이론가들은 효율 임금 '회사의 노동 비용을 최소화하는 임금'으로 정의된다—이 어떻게 정해지는지 설명한다. 노동자의 임금을 올렸을 때 노동 생산성이 인상 비율보다 많이 증가하면 회사의 이윤은 작아지지 않고 커질 것이다. 이를테면 노동자의 임금을 1퍼센트 올렸는데 임금 인상에 자극받은 노동자들이 훨씬 열심히 일해서 산출을 2퍼센트 늘렸다면 단위 산출당 노동 비용이 감소한 것이다. 그렇다면 나머지 조건이 동일할 경우 이윤은 증가할 것이다.

임금과 이윤이 동시에 상승하는 것은 부분적으로 표준 경제학의 개념으로 설명할 수 있다. 두둑한 임금을 받는 직원은 일자리의 가치를 더 높이 평가하여 직장을 잃고 싶지 않을 것이기에 더 열심히 일할 것이다. 경제 상황이 매우 열악한 곳에서는 노동자가 임금을 더 받으면 더 나은 의식주와 의료 혜택을 누릴 수 있기에 신체적으로 더 튼튼하고 더 오래 더 열심히 일할 수 있으며 병으로 직장을 쉬는 시간도 줄어들 것이다. 임금을 더 많이 지급하면 조직화된 노동자들의 파업을 억제할 수도 있다.

하지만 임금 인상이 노동자에게 더 열심히 일할 동기를 부여하는 것은 금전적 혜택 때문만이 아니다. 좋은 대우가 직원의 신뢰와 충성에 미치는 영향을 비롯한 사회적·심리적 보상과 유인 때문이기도 하다. 사장이 기대보다 좋은 대우를 해주면 여러분은 더 나은 직원이 되어 보답하고 싶을 것이다. 고용주와 직원의 관계는 금전 교환이 전부가 아니다. 충성, 신뢰, 보답 등을 비롯한 사회적·심리적 유인과 동인도 작용한다. 조지 애컬로프(George Akerlof) 연구진은 이를 일종의 '선물 교환(gift exchange)'이라 일컫는다. 사장이 내게 잘 대해주고 두둑한 급여를 주니까 나는 더 열심히 일해서 호의에 보답하겠다는 식이다.

많은 사람들이 직장 생활에서 이런 경험을 했을 것이다. 우리가 평생 하는 일을 살펴보고 최고의 일자리와 최악의 일자리를 대조해보면 노동자의 동기 부여가 얼마나 복잡한지 실감할 수 있다. 여러분이 가게에서 일한다고 상상해보라. 가게는 스포츠 용품이나 좋은 식품, 근사한 신발 등 여러분이 평상시에 사고 싶어할 물건으로 가득하다. 그렇다면 여러분은 우선 일을 즐기고 열심히 일할 가능성이 크다. 게다가 사장이 여러분을 잘 대해주고 업무가 기본적으로 만족스럽다면 여러분이 일하는 것을 깐깐하게 감시할 필요가 없을 텐데, 그러면 사장은 감시 비용을 절약할 수 있다. 여러분과 사장은 서로를 신뢰하기에 여러분은 솔선하여 열심히 일한다. 여러분은 친구와 그 밖의 인맥을 통해 소문을 낼지도 모른다. 그러면 사장은 여기저기 수소문하지 않고도 좋은 직원들을 끌어들일 수 있을 것이다. 이렇게 되면 사장은 인력 탐색 비용을 줄일뿐더러 게으름뱅이를 고용할 위험도 줄일 수 있다.

따라서 비금전적 유인을 노동 시장 분석에 접목하는 것은 자선 활동에서만 유효한 것이 아니다. 비즈니스와 정책 입안에도 중요한 영향을 미친다. 임금을 깎는다고 해서 반드시 영업 이익이 증가하지는 않으며, 임금을 '인상'했을 때 이익이 증가할 수도 있다. 효율 임금 이론은 최저 임금과 **생활 임금**(living wage, 노동자의 최저 생활을 보장하는 임금)에 대한 정책 논쟁에도 통찰을 가져다준다. 임금이 높아지고 공정해지면 고용주와 직원 모두에게 유익할 수 있다. 임금 인상이 노동자에게 직장 안팎에서 회사를 위해 더 열심히 일할 동기를 부여한다면 임금을 인상해야 한다는 주장을 옹호하기가 더 수월할 것이다.

이 장에서는 행동경제학자들이 기본적인 경제적 통찰─이

를테면 사람들이 유인에 반응한다는 것—을 어떻게 받아들이는지, 또한 개념들(이런 경우에는 유인과 동기)을 더 폭넓게 정의하여 어떻게 사회심리적 영향에도 역할을 부여하는지 살펴보았다. 우리의 선택과 행동이 더 폭넓은 사회적·경제적·심리적 동기에 영향받는다는 사실을 인정하면 더 나은 성과를 위한 표준 경제학적 처방이 확연히 달라진다. 우리가 자신과 남들의 이미지와 사회적 평판에 대해 어떻게 생각하느냐는 자선 기부에나, 벌금에 대한 반응에 영향을 미친다. 남들과의 사회적 상호 작용은 업무 성과뿐 아니라 회사의 이윤도 좌우한다. 시장에는 사람들의 상호 작용이 반영되며, 사람들이 금전적 유인에 반응하는 것은 분명하지만 그 밖의 갖가지 강력한 요인들도 영향을 미친다. 개인, 직원, 고용주, 정책 입안자, 시민으로서 우리는 행동경제학의 통찰을 동원함으로써 우리의 선택과 노력, 그리고 그 결과를 좌우하는 복잡한 동기를 훨씬 풍부하게 이해할 수 있다.

이 장에서는 우리의 선택과 결정에 영향을 미치는 요인들을 살펴보았다. 그중에서도 사회적 영향력은 외적 동기를 통해 우리에게 영향을 미친다. 3장에서는 불평등한 결과의 회피, 신뢰와 보답, 사회적 학습, 동조 압력 같은 더 다양한 사회적 영향력이 사람들에게 어떻게 작용하는지 살펴볼 것이다.

제 3 장

사회적 삶

2장에서는 경제적·재무적 결정이 돈과 별개인 여러 요인에 의해 결정될 수 있음을 살펴보았다. 대다수 경제학 이론은 우리가 독립적이고 이기적인 존재이며 무엇을 할지 결정할 때 남을 신경쓰지 않는다는 가정에서 출발한다. 나머지 조건이 동일하다면 익명의 시장이야말로 경제 활동을 조율하는 최선의 방법이며 소비자와 생산자가 서로에게 가장 유익한 최선의 거래를 맺게 해준다는 것이다.

경제학의 표준적 가정은 우리 모두가 남들이 개인으로서 실재하지 않는 것처럼 행동한다는 것이다. 우리는 남들에게서 간접적인 영향만 받는데, 이는 수요와 공급에 대한 그들의 결정이 시장 가격을 변화시키는 것에서 비롯된다. 하지만 여기에는 경제생활의 중요한 측면이 빠져 있다. 가격은 비인격적이며, 경제학자들이 경제를 분석할 때 가격에만 초점을 맞추면 사람들의 관계와 사회적 상호 작용이 경제적 의사 결정에 얼마나 중요한지 잊기 쉽다. 경제적 선택이 주위 사람들에게 영향을 받는 데는 여러 방식이 있다. 사회심리학과 사회학 문헌은 이 현상이 일어나는 이유에 대해 시사하는 바가 있다. 이 장에서는 사회적 영향력이 행동을 좌우하는 몇 가지 주된 방식을 살펴볼 것이다.

신뢰, 보답, 불평등 회피

우리는 주위 사람들을 신경쓰기도 하고 신경쓰지 않기도 한다. 그들도 우리를 신경쓰기도 하고 신경쓰지 않기도 한다. 우리는 공정함을 신경쓰며 공정한 결과를 불공정한 결과보다 선호하는 경향이 있다. 우리는 경우에 따라서는 남을 신뢰하는 성향이 있으며 그들도 이따금 그 보답으로 우리를 신뢰한다. 다른 사람들이 신의를 지키고 우리를 우대하면 우리는 그 보답으로 그들을 신뢰하고 신의를 지킬 가능성이 크다. 이를테면 내 동료들이 나의 강의와 행정 업무를 도와준다면 나는 그들의 강의와 행정 업무를 도와주려는 마음이 커질 것이다. 신뢰와 보답의 이 상호 작용은 일하거나 공부할 때의 공동 작업에서 우리가 기부할 때 보여주는 이타주의나, 또한 가족생활, 공동체 사업, 정치 운동이 성공하는 데 필요한 협력에 이르기까지 우리가 매일같이 행하는 많은 협력 활동의 핵심 요소다.

행동경제학에서 신뢰와 보답을 분석하는 출발점은 사람들이 일반적으로 불공평한 결과를 보고 싶어하지 않는다는 통찰이다. 사람들은 부당한 대접을 받고 싶어하지 않으며 남들이 부당한 대접을 받는 것도 보고 싶어하지 않는다. 우리는 부당한 대접을 받는다고 느끼면, 신뢰하고 보답할 가능성이 낮아진다. 사회적 상호 작용의 이 핵심 요소는 공정에 대한 선호를 남들과의 비교와 짝짓는다. 우리는 남들이 우리보다 훨씬 잘나거나 못난 상황을 좋아하지 않는데, 이는 불공평한 결과를 좋아하지 않기 때문이다. 행동경제학자들은 이 선호를 **불평등 회피**(inequity aversion)라고 부른다.

불평등 회피에는 두 가지 주된 유형이 있으며 이 두 가지는 은행가가 런던 길거리에서 노숙자를 맞닥뜨리는 상황으로 설명할 수 있다. 은행가는 가난으로 고통받는 사람을 보고서 괴로워할 수도 있는데―그는 생활 수준이 더 평등하기를 바랄 것이다―만일 그렇다면 그는 **유리한 불평등의 회피**(advantageous inequity aversion)를 느끼고 있는 것이다. 은행가는 유리한 입장에 처해 있지만 남들이 훨씬 낮은 생활 수준으로 고통받는 것을 보고 싶어하지 않으며 노숙자가 더 공정한 결과를 얻기를 바란다. 한편 노숙자도 불평등으로 고통받고 싶어하지 않는다. 그는 안전하고 편안한 보금자리를 장만할 만큼 돈이 있었으면 하고 바란다. 그가 겪는 곤경은 부당하며 그는 **불리한 불평등의 회피**(disadvantageous inequity aversion)로 알려진 선호를 경험한다. 불리한 입장에 처한 그는 주위 사람들에 비해 열악한 상황에 놓이고 싶어하지 않는다.

두 사람 다 불평등한 결과에 대해 비슷한 거부감을 느끼지만, 은행가보다는 노숙자가 자신의 불평등한 처지를 훨씬 뼈저리게 자각할 것이다. 사람들에게는 유리한 불평등의 회피보다 불리한 불평등의 회피가 훨씬 큰 영향을 미친다. 은행가는 길거리에서 노숙자를 보고 약간 거북한 감정을 느낄 테지만, 노숙자는 불평등을 훨씬 불행하게 느낄 것이다.

공정함의 선호는 자원봉사나 기부 같은 이타주의도 설명할 수 있다. 우리가 이런 행위를 하는 이유는 베풀면 즐겁고 이따금 마음이 따스해지기 때문이다. 몇몇 실험에 따르면 이것이 언제나 순수한 이타주의에서 비롯되는 것은 아니다. 우리가 착하고 너그러운 사람임을 남들에게 알리기 위한 것일 때도 있다. 2장에서 보았듯, 사람들은 자신의 너그러움이 남들에게 알려질 때 더 많이 베푸는 경향이 있다.

불평등 회피는 대다수 나라와 문화에서뿐 아니라 우리의

영장류 사촌에게서도 강력한 성향임이 많은 실험 연구에서 입증되었다. 불평등 회피를 검증하는 데 쓰는 기본적 실험으로 **최후통첩 게임**(Ultimatum Game)이 있다. 이 게임의 가장 단순한 형태는 참가자가 두 사람이다. 제안자인 참가자 A는 자신에게 배정된 돈—이를테면 100파운드—중에서 일정액을 응답자인 참가자 B에게 주겠다고 제안할 수 있다. 응답자가 제안을 거부하면 두 참가자 다 한 푼도 받지 못하며 제안자는 실험자에게 100파운드를 돌려줘야 한다. 행동경제학을 연구하지 않는 경제학자들은 사람들이 이 게임에 완벽하게 이기적으로 임하리라 예측할 것이다. 즉, 상대방의 전략에 대한 자신의 생각에 비추어 최대한 많은 것을 얻으려 들리라는 것이다. 참가자 A는 참가자 B가 0파운드보다는 1파운드를 선호하리라 가정할 것이다. 한 푼이라도 받는 게 한 푼도 못 받는 것보다 낫기 때문이다. 그래서 참가자 A는 참가자 B가 1파운드를 받아들일 거라 생각하여 1파운드를 제안할 것이다. 참가자 B가 참가자 A의 생각이나 행동을 신경쓰지 않는다면 그는 0파운드보다 1파운드를 선호하여 참가자 A의 제안을 받아들일 것이다. 참가자 A는 참가자 B가 이런 식으로 반응할 것이라 추론하여 1파운드를 제안하고 99파운드를 챙긴다.

최후통첩 게임은 행동경제학에서 가장 많이 쓰이는 실험 중 하나로, 액수가 다를 때 반응이 달라지는지 테스트하고 나라와 문화마다 차이가 있는지 탐구하기 위해 변형되기도 했다. 심지어 동물 실험에서도 쓰였다. 침팬지에게 주스와 과일 간식으로 실험했더니 사람과 비슷한 행동을 나타냈다. 이 모든 연구의 일관된 결과는 현실에서의 행동이 대다수 경제학자의 예측과는 딴판이라는 것이다. 제안자는 종종 매우 너그러워서 1파운드(또는 그에 해당하는 금액)보다 훨씬 많은 금액을 제안하며 응답자는 총액의 40퍼센트 이상을 제안받고도 거절하는 경우가 허다하다.

일부 행동경제학자들은 불평등 회피를 일종의 감정 — 사회적 감정 — 으로 설명한다. 우리가 처한 사회적 상황은 시기, 질투, 분노 같은 특정 감정을 느끼게 할 수 있으며 사람들이 최후통첩 게임에서 부당한 대접을 받을 때는 감정적 요소가 결부되는 듯하다. 이를테면 응답자(참가자 B)는 제안자(참가자 A)가 쩨쩨한 제안을 한 것에 화가 나서 그를 응징하기 위해서라면 40파운드 이상을 기꺼이 지불할 각오가 되어 있는지도 모른다. 신경과학자들은 뇌 영상 연구를 통해 우리의 뇌에서 어떤 일이 일어나고 있는지 밝혀냈다. 한 연구에서는 응답자 역할을 맡은 실험 참가자의 뇌를 촬영했는데, 그들의 뇌 반응은 사람들이 악취에 메스꺼움을 느낄 때 활성화되는 신경 영역이 최후통첩 게임에서 부당한 대접을 받았을 때에도 활성화되었음을 시사한다. 일부 신경과학자와 신경경제학자는 이 결과를 우리가 남들에게 부당한 대접을 받았을 때 일종의 사회적 혐오감을 경험한다는 증거로 해석한다.

협력, 처벌, 사회 규범

사회 규범은 우리의 행동을 추동하는 또다른 사회적 영향력들의 집합이며 이는 종종 동조 압력을 통해 강화된다. 우리에게는 사회적 본성이 있기에, 우리는 대체로 친사회적 행동에 대해 보상하고 보상받는다. 선택과 습관에서 또래를 모방하는 십 대들은 가장 근사한 파티에 초대받을 가능성이 클 것이다. 동조(conformity)는 강력한 요인이며 우리의 관습, 전통, 종교 생활에 영향을 미친다. 하지만 맹목적 동조에 휘둘리면 유해한 사회적 영향력이 나타나기도 한다. 사이비 종교도 그중 하나다. 사이비 종교는 파괴적인 사회적 행동의 극단적 사례이지만, 동조는 더 일상적인 맥락에서도 위력을 발휘한다. 우리는 자신의 행동을 남의 행동과 곧잘 비교하는데, 남의 행동은 우리에게 행동경제학자들이 **사회적 기준점**(social reference point)이라 부르는 것이 된다. 결정을 내릴 때, 우리는 집단의 평균적 결정(이라고 우리가 믿는 것)을 기준으로 삼는다. 정부 정책과에서 마케팅 담당 부서에 이르는 많은 조직이 우리의 사회적 기준점에 대한 정보를 활용하여 (이를테면) 더 건설적인 행동이나 더 많은 이윤을 이끌어낸다.

사회 규범은 어떻게 왜 우리가 협력하는 종으로 진화했는지 설명하는 데 도움이 되지만, 다른 사람의 너그러움에 무임 승차하는 사람이 없도록 하려면 어떻게 해야 할까? 이 물음을 탐구하는 행동경제학자들은 이른바 **공공재 게임**(public good game)을 연구한다. 이것은 우리의 협력하려는 성향뿐 아니라 사회적 제재와 처벌이 협력적 행동의 유지에 어떤 역할을 하는지도 알 수 있는 실험 방법이다. 공공재 게임은 '공공재'라는 경제학 개념에서 발전했다. 가장 순수한 형태의 공공재는 모두가 자유롭고 손쉽게 접근할 수 있는 것을 일컫는다. 아무도 그 재화의 소비를 금지당하지 않기에 사적으로 소유하기가 쉽지 않다. 공공재의 고전적 사례로 등대가 있다. 등대 옆을 항해하는 배는 모두 조명의 혜택을 보지만 그런 배들에 일일이 요금을 물리기란 쉬운 일이 아니다. 그래서 민간 사업으로 돈을 벌고 싶은 사람이 등대에 투자할 가능성은 희박하다. 등대로는 한 푼도 벌기 힘들기 때문이다. 등대 같은 공공재가 공급되도록 하려면 다른 동기가 필요하다. 경제학자들은 지역 사회가 공공재의 공급과 유지를 보장하는 일에 놀랍도록 능숙하다는 사실을 발견했다.

행동경제학자들은 공공재 게임을 활용하여 어떤 요인들이 공공재에 대한 우리의 행동에 영향을 미치는지 밝혀냈다. 그런 게임 중 하나에서는 실험 참가자들에게 공동 기금에 기부하라고 요청했다. 그러면서 이 돈을 나중에 구성원들에게 골고루 나눠준다고 했다. 공동체가 (이를테면) 마을 공원을 조성할 기금이 필요할 때에도 이와 비슷한 방법을 쓴다. 많은 경제학자들은 대다수 사람들이 (기금을 내든 내지 않든 어차피 골고루 나눠 받으리라 추론하여) 한 푼도 내지 않으리라 예측할 것이다. 그렇다면 개인이 순이익을 극대화하는 최선의 방법은 기금에 전혀 기여하지 않으면서도 자신의 몫을 챙기는 것이다. 이 논리의 문제는 모두가 이렇게 생각하여 남들의 기여에 무임승차하려 든다면 기금이 조금도 모이지 않아 공공재가 만들어질 수 없다는 것이다. 이 경우에 이기적 개인들이 만들어낸 결과는 전체로서의 집단에는 불리하다.

다행히도 행동경제학자와 실험경제학자는 공공재 게임 실험에서 사람들이 놀랍도록 너그럽다는 사실을 발견했다. 이것은 최후통첩 게임에서 너그러운 것과 무척 비슷했다. 대다수 참가자는 꽤 많은 돈을 낸다. 공공재 게임을 변형한 실험들에서는 제삼자가 공공재 실험에서 남들의 쩨쩨한 행동을 관찰할 경우 비협조적 참가자를 응징하기 위해 기꺼이 대가를 치른다는 사실이 밝혀졌다. 이 현상은 **이타적 처벌**(altruistic punishment)이라 불린다. 사람들은 너그러움과 협력이라는 사회 규범을 어기는 사람들을 응징하기 위해서라면 자신의 것을 기꺼이 포기한다. 이것은 그 자체로 일종의 협력인데, 그 이유는 이타적 처벌이 곧 너그러운 사람들의 협력 행동을 강화하고 너그럽지 않은 사람들의 이기적 행동을 좌절시키기 때문이다. 공공재 게임에서의 이타적 처벌을 연구한 것은 신경경제학자와 신경과학자다. 그들은 이타적 처벌을 행하는 실험 참가자들의 뇌 보상 중추에서 신경 활동이 일어난다는 사실을 발견했다. 이는 사회 규범을 어기는 사람들을 처벌할 때 우리가 쾌감을 느낀다는 뜻이다.

이타적 처벌은 협력의 진화에서 중요한 현상이다. 현대 사회에서의 이타적 처벌은 우리가 사회적으로 용납되지 않는 행동을 공개적으로 비난하는 데 발 빠른 이유를 설명할 수 있다. 소셜 미디어 덕에 이 일이 훨씬 쉬워졌다. 트위터 조리돌림 같은 부작용도 있지만. 더 일반적으로 보자면, 협력하고 사회 규범을 강화하려는 경향은 사회적 정보가 이토록 강력한 행동 조작의 도구인 이유도 설명해준다. 일례로 에너지 소비에서 근거를 찾을 수 있다. 에너지 소비자들에게 이웃의 소비량을 알려주면 그들은 친구와 이웃의 에너지 소비라는 사회적 기준점에 맞춰 자신의 소비량을 조절할 가능성이 크다. 이와 마찬가지로 영국 국세청(HMRC)이 상습 지각 납세자들에게 편지를 보내 남들의 행동에 대한 사회적 정보를 소개하고 지각 납세가 사회적 변칙임을 알려주자―대다수 사람들은 제때 세금을 납부했으므로—많은(전부는 아니었다!) 지각 납세자들은 남들의 납세 결정에 대한 사회적 정보의 기준점이 전혀 없는 편지를 받은 지각 납세자들에 비해 빨리 세금을 납부했다.

정체성(동일시)

정체성(동일시)은 사회적 본성이 드러난 또다른 모습이며 여러 면에서 매우 구체적인 형태의 사회적 신호와 비슷하다. 이 점에서는 2장에서 논의한 이미지 동기가 기부에서 했던 역할과 비슷하다. 우리는 유독 어떤 집단과 스스로를 동일시하며 이는 편견과 차별에 대한 사회심리학자 헨리 타이펠(Henri Tajfel)의 초기 분석으로 거슬러올라간다. 타이펠은 왜 수많은 평범한 사람들이 히틀러와 나치당의 노예가 되었는지 이해하고 싶었다. 그는 집단 간 관계에 주목했는데, 우리는 특정 **내집단**(in-group)과 자신을 동일시하며 **외집단**(out-group)을 어느 면에서 적으로 여겨 사사건건 대립하고 충돌한다. 타이펠은 집단 구성원들이 서로를 동일시하고 상호 편애(favoritism)를 지속하기로 결정하는 데는 많은 것이 필요하지 않다고도 지적했다. 특정 예술 형식에 대한 단순한 선호, 심지어 단순한 동전 던지기만으로도 집단이 나뉠 수 있다. 우리는 특정 집단과 스스로를 동일시하기 위해 대가를 치를 준비가 되어 있다. 이를테면 케이티 페리(Katy Perry) 같은 팝 스타의 팬들은 다른 케이티 페리 팬들과 동일시하려고 해마다 수천 파운드를 쓴다. 집단에 대한 타이펠의 통찰은 행동경제학자들의 정체성 분석과 일맥상통한다. 조지 애컬로프와 레이철 크랜턴(Rachel Kranton)은 정체성 분석을 발전시켰다. 두 사람은 문신이나 피어싱 같은 형태의 자해를 비롯하여 변태적 행동으로 보이는 것들이 실은 자신이 나머지 구성원과 하나라는 신호를 내 집단에 보내려는 신호라고 주장했다.

정체성의 역할이 유난히 강력하게 발휘되는 분야는 정치다. 대다수 사람들은 사회적·정치적·문화적으로 남들과 동일시하려는 욕구를 강하게 느낀다. 2016년 6월 유럽연합 탈퇴 여부를 묻는 영국 국민 투표가 실시된 이후에 논평가들이 지적한바, 많은 사람들이 '탈퇴'에 표를 던진 동기는 유럽연합 출신 이민자의 증가로 인해 자신들의 정체성이 상실되거나 희석되었다는 느낌에 있었다. 아이러니하게도, 일반 대중의 '탈퇴' 여론이 가장 격렬하던 한두 곳의 두드러진 예외(이를테면 링컨서 보스턴)를 제외하면 이민자들에게 가장 심한 공포를 느낀 사람들은 이민자 비율이 낮은 지역에 사는 사람들이었다. 그들은 이민자를 직접 경험한 일이 거의 없었기에 그들을 외집단으로 판단했는지도 모르겠다. 타이펠이라면 이 현상에 놀라지 않았으리라.

군집 행동과 사회적 학습

사회적 본성의 한 가지 중요한 측면은 군중을 모방하고 따르려는 경향이다. 사회학자들은 군집 행동에 두 가지 요인 — **규범적 요인**(normative influence)과 **정보적 요인**(informational influence) — 이 있다고 설명한다. 규범적 요인은 우리의 결정에 영향을 미치는 사회 규범이다. 많은 사람들은 남들과 자연스럽게 어울리고 남들 하는 대로 하고 싶어한다. 이것은 진화된 본능적 반응인지도 모르겠다. 경제·재무 결정을 비롯한 많은 결정은 다른 사람들을 본떠 이루어진다. 어쩌면 그것은 우리가 남들에게서 교훈을 얻을 수 있다고 믿기 때문이거나 모종의 더 원초적인 본능적 과정이 작용하기 때문일 것이다.

사회심리학자 솔로몬 애시(Solomon Asch)는 선(線)의 상대적 길이를 판단하는 것 같은 매우 단순한 의사 결정 과제에서조차 남들이 우리를 쉽게 조작할 수 있음을 발견했다. 애시는 순수한 실험 참가자가 속한 집단에서 나머지 (이를테면) 열아홉 명이 공모하여 매우 단순한 질문에 명백히 틀린 답을 일제히 내놓으면 순수한 실험 참가자도 (집단이 그렇게 결정했다는 이유로) 옳은 답에서 틀린 답으로 생각을 바꾼다는 사실을 밝혀냈다. 그 참가자가 자신이 옳고 나머지 열아홉 명이 틀릴 가능성이 희박하다고 판단했다면 그의 행동이 반드시 비합리적인 것은 아니다.

우리가 어떻게 왜 남들을 모방하는지에 대한 흥미로운 새 연구들이 등장하고 있다. 경제학자들에게 유망한 연구 분야 중 하나는 **거울 뉴런**(mirror neuron)의 신경경제학적 분석이다. 거울 뉴런은 인간과 영장류의 뇌를 비롯하여 몇몇 다른 동물의 뇌에서도 발견된다. 과학자들은 우리가 남을 모방할 때 거울 뉴런이 모종의 역할을 한다고 생각한다. 신경과학자들은 원숭이를 대상으로 한 실험에서 신경 세포 하나의 발화율을 모니터링했다. 원숭이가 특정한 방식으로 움직이면, 해당 원숭이가 움직일 때뿐 아니라 다른 원숭이가 움직이는 것을 볼 때에도 거울 뉴런이 발화한다. 우리의 영장류 조상에게서도 비슷한 반응이 관찰된다는 사실은 군집 행동이 자동적이고 '내장'되어 있으며 충동을 비롯한 우리의 더 원초적인 감정을 반영함을 시사하는지도 모른다. 경제·재무의 맥락에서도 비슷한 신경 과정이 우리에게서 군집 행동을 일으킬 가능성이 있다.

군집 행동의 경제적 분석에서 중요한 요소 한 가지는 정보적 요인에 대한 사회학자들의 통찰을 바탕으로 한다. 정보적 요인은 남들의 행동에서 교훈을 얻는 것과 관계가 있다. 쉽게 관찰될 수만 있다면 이 행동은 대안적 정보를 찾기 힘들 때 요긴한 지침이 될 수 있다. 딴 사람들은 우리가 모르는 뭔가를 알고 있을지도 모르니 그들을 모방하는 것은 말이 된다. 군중을 따르는 것은 합리적인 사회적 학습 장치인지도 모른다. 하지만 가끔은 충동적으로 군중을 따를 때가 있는데, 이때 우리는 무심코―아마도 우리에게서 진화한 군집 본능을 따라―그렇게 한다.

이런 사례는 일상생활에서 얼마든지 볼 수 있다. 급히 돈이 필요한데 현금 인출기 한 대에 줄이 길게 늘어서 있고 다음 인출기에는 줄이 하나도 없을 때 우리는 사람들이 둘째 인출기를 사용하지 않는 데는 이유가 있으리라 가정하여 시간을 절약한다. 고장났거나 수수료가 비쌀 거라고 지레짐작하는 것이다. 나는 집단의 결정에서 배운다. 이것은 틀린 것도 옳은 것도 아니다. 무리는 옳은 전략을 선택할 때도 있고 틀린 전략을 선택할 때도 있다. 무리를 따르는 것이 현명한지 여부는 상황에 따라 달라진다. 다른 사람들의 선택은 식당을 고를 때도 참고가 될 수 있다. 나는 북적거리는 식당을 옆에 두고 굳이 텅 빈 식당에 들어가진 않는다. 줄을 서는 한이 있더라도 북적거리는 식당을 내가 선호하는 이유는 첫 식당의 음식이 맛있거나 다음 식당의 포도주와 음식에 대해 내가 모르는 문제점을 딴 사람들이 알고 있을지도 모르기 때문이다. 군집 행동은 좋을까 나쁠까? 그것은 집단적 판단과 결정이 옳으냐 그르냐에 달렸다.

군집 행동은 부작용을 낳기도 한다. 나는 텅 빈 식당과 북적거리는 식당 중에서 왜 북적거리는 식당을 선택하는 걸까? 내가 딴 사람들을 따라 북적거리는 식당에 들어간다면 나는 집단 결정에 대한 사회적 정보를 활용하고 있는 것이다. 하지만 가치가 있지만 남들에게는 직접 관찰되지 않는 사적 정보가 내게 있다면 어떨까? 내게 두 가지 정보가 있다고 상상해보라. 하나는 시드니에서 놀러 온 친구가 저 텅 빈 식당이야말로 런던 최고의 알려지지 않은 식당이라며 추천한 것이고 다른하나는 딴 사람들의 식당 선택을 보면서 내가 추론한 정보다.

내가 무리를 따라 인기 있는 식당에 가기로 결정하면, 나의 사적 정보(또는 친구의 추천)는 무시되고 이 정보는 내 행동을 관찰하는 어떤 사람에게도 보이지 않는다. 그들은 나의 식당 선택을 보면서 텅 빈 식당이 전혀 추천할 만하지 않다고 추론할 것이다. 텅 빈 식당이 실제로는 매우 훌륭할 수도 있다는 사적 정보가 내게 있음은 보지도 알지도 못한다. 그래서 그들은 덜 훌륭하지만 북적거리는 식당에 줄을 설 것이고 그들 뒤로도 줄이 늘어설 것이다. 이런 식으로 타인의 선택에 대한 사회적 정보는 꼬리에 꼬리를 물고 무리 속에 퍼져나간다. 군집 행동이 무리의 행동을 통해 사람들을 오도하여 귀중한 사적 정보가 무시되면 다른 사람들에게 부정적 영향이 생긴다. 이 것이 부정적 **군집 외부 효과**(herding externality)다. 무리는 안전을 제공하며, 집단적 의사 결정은 상황에 따라 더 나은 결정으로 이어질 수 있다. 집단적 정보가 더 정확할 수도 있다. 하지만 군집 행동은 귀중한 사적 정보가 무시되고 상실된다는 뜻이기도 하다.

군집 행동이 발생하는 또다른 이유는 남들이 우리에 대해 생각하는 것이 우리에게 중요하기 때문이다. 우리의 평판은 귀중하며 우리는 평판을 애지중지 여긴다. 이것은 2장에서 논의한 이미지 동기와도 연결된다. 우리가 남들이 틀릴 때 같이 틀리면 평판을 유지하기에 유리하다. 경제학자 존 메이너드 케인스의 말을 빌리자면, 남다르게 옳기보다는 남처럼 틀렸을 때 평판이 좋아진다. 악덕 투자자(불법 행위로 거액의 손실을 야기한 금융 회사 직원—옮긴이)는 남다른 선택 위에 쌓은 평판이 사상누각임을 보여주는 예다. 주식 중개인이 금융 시장의 통념에 반하여 투자하면 대단한 수익을 거둘 수 있지만, 군중이 옳고 외곬이 틀렸을 때는 "흔한 실수였어"라는 말로 스스로를 변호하지 못하면 평판을 쉽게 되찾을 수 없다.

진화가 중요한 역할을 한다는 사실은 많은 종이 우리처럼 사회적 학습 행동을 하는 것에서 알 수 있다. 남극의 아델리펭

권은 군집 성향을 강하게 나타낸다. 녀석들은 먹이 사슬의 중간에서 크릴새우를 잡아먹고 얼룩무늬물범에게 잡아먹힌다. 그래서 먹이를 찾을 때면 딜레마에 맞닥뜨린다. 바다에 뛰어들면 맛있는 크릴새우를 찾을 수 있지만 물범에게 공격받아 잡아먹힐 수도 있다. 아델리펭귄에게 최선의 전략은 무얼 할지 결정하기 전에 동료 펭귄들을 관찰하는 사회적 학습 전략이다. 가장 용감하고/거나 굶주린 펭귄은 위험을 감수할 것이다. 나머지 무리는 녀석이 물범에게 공격받지 않는 것을 보고서야 일제히 바다에 뛰어든다. 현대인에게서도 비슷한 현상이 일어나는데—우리는 물건을 살 때 남들이 올린 사용기를 참고한다—인터넷과 온라인 쇼핑이 성장하면서 이렇게 하기가 훨씬 수월해졌다. 우리는 유명인이 특정 제품을 쓴다는 정보에 반응한다. 우리가 무엇을 살지 결정할 때 남들을 의식하는 것에서 우리가 사회적 정보에 민감함을 알 수 있다.

비슷한 맥락에서, 인간이 군집 행동을 보이는 이유는 집단에 속하는 것이 안전하기 때문이기도 하다. 많으면 안전하다. 자동차와 오토바이가 북새통을 이루는 자카르타의 혼잡한 도로를 건넌다고 상상해보라. 길을 건너는 유일한 방법은 현지인 무리와 함께 움직이는 것이다. 이것은 현지 보행자의 습관에서 배우는 것일 뿐 아니라 군중이 제공하는 안전과 피난처를 향유하는 것이기도 하다. 군중보다는 혼자 걷는 사람이 차에 치일 가능성이 훨씬 크다. 시민으로서의 삶에서도 이런 현상을 볼 수 있다. 집단 소송은 군중이 개인 한 명보다 더 큰 힘과 영향력을 발휘한다는 사실에 기대고 있으며 우리를 불의로부터 보호할 수도 있다(이를테면 집단으로 뭉쳐 법적 조치를 취할 수 있다). 일례로 펜펜 다이어트약 집단 소송이 있다. 미국 식품의약국은 펜펜을 복용하면 심장병에 걸릴 수 있다는 사실을 발견했는데, 그리하여 펜펜 복용자 중 12만 5000명 이상이 제조사 와이어스에 집단 소송을 제기했으며 와이어스는 결국 합의금으로 1660만 달러 가까운 비용을 물어야 했다. 혼자서는 무력한 개개인이 집단으로 뭉쳐 정의를 실현한 것이다.

　이것들은 대부분 현대의 사례이지만, 우리의 군집 본능은 오래되고 뿌리 깊으며 태곳적으로 거슬러올라간다. 많은 다른 종—이를테면 앞에서 소개한 아델리펭귄—도 우리처럼 군집 본능이 있다. 군집 행동은 동물 행동과 밀접한 관계가 있다. 소의 군집 본능은 포식자로부터 자신을 보호하기 위한 수단으로서 진화했다. 인간도 마찬가지다. 남들을 따르는 행동은 우리 조상이 식량과 보금자리, 생식 능력이 있는 짝을 찾는 생존 전략으로서 진화했다. 이제 우리는 이베이에서 물건을 사고팔고 트립어드바이저와 에어비앤비에서 숙소를 예약하고 우버에서 택시를 잡는다. 이렇듯 인터넷과 모바일 기술이 우리의 사회적 관계와 상호 작용을 중개하는 현대의 인공

적 환경에서는 이 뿌리 깊은 본능이 어떻게 발현될까? 빠르게
움직이는 지금의 컴퓨터 시대에는 군집 행동이나 사회적 영
향력의 미덕과 악덕이 둘 다 증폭된다. 튤립 파동(17세기 네덜
란드에서 튤립 알뿌리를 놓고 벌어진 투기 열풍)의 시대와 그 이전
부터 수 세기 동안 그랬듯, 오늘날 금융 위기 또한 이익을 좇
아 다른 투기꾼들의 뒤를 따르는 투기꾼들에 의해 일어난다.

금융 군집 행동은 우리 모두에게 직접적으로나 간접적으
로나 심대한 영향을 미친다. 우리는 세계화되고 컴퓨터화되
고 상호 의존적인 금융 체계에서 살아간다. 금융 흐름은 어마
어마한 속도와 강도로 일어날 수 있다. 이를테면 나빈더 싱 사
라오(Navinder Singh Sarao)는 런던 교외에 있는 부모의 집에
서 스푸핑(대량 주문과 취소를 반복하여 가격에 영향을 미치는 행
위―옮긴이)으로 2010년 월가에서 1조 달러 규모의 '플래시
크래시(Flash Crash, 금융 상품의 가격이 일시적으로 급락하는 사
태―옮긴이)'를 일으켜 기소되었다. 군집 행동은 시장과 금융
체계를 뒤흔들 위력을 가지고 있다. 우리의 구매 패턴, 투표
습관, 종교적 견해와 실천, 문화적 기호를 교란할 수도 있다.
우리의 사회적 관계와 상호 작용을 왜곡할 수도 있다.

군집 행동에는 복리와 후생의 관점에서 더 넓은 함의도 있
다. 윤리적으로 볼 때, 기업과 정부가 사회적 정보를 활용해
의사 결정을 조작하여 우리를 '1984'식 집단 사고와 빅브라더

의 세계로 데려가는 것은 문제의 소지가 있다. 사회적 의사 결정을 조작하는 일에 상업적 가치가 있다면 기업과 정부 입장에서는 개인의 프라이버시를 침해하여 개인 정보를 캐낼 강력한 유인이 발생한다. 이렇게 빼돌려진 정보는 현대 첨단 기술 기업에 악용될 수 있다. 군집 행동은 금융의 미래에도 영향을 미칠 수 있다. 이를테면 집단 사고가 연금 신탁자의 의사 결정 과정을 지배하여 부정직한 개인과 집단이 돈을 빼돌릴 수 있으면 많은 사람들이 노년에 자금난을 겪을 것이다. 안타깝게도 연금 사기는 드문 일이 아니다. 로버트 맥스웰(Robert Maxwell)을 비롯하여 그런 사례가 얼마든지 있다. 최근 영국에서는 브리티시홈스토어스(British Home Stores) 전 직원들의 연금 관리에 대한 우려가 커지고 있다. 희소식은 규제 당국이 이런 영향을 인식하여 위험을 제한하고 연금이 올바로 관리되도록 정책을 개발하고 있다는 것이다.

이 장에서는 사회적 영향력이 어떻게 우리의 온갖 경제·금융 결정을 좌우하는지 살펴보았다. 우리는 자신이 남들과 비교하여 어떻게 행동하는지, 남들이 우리와 비교하여 어떻게 행동하는지를 감안하여 사회적 영향력에 반응한다. 많은 사람들은 더 평등한 결과를 보고 싶어하며 불평등을―특히, 자신에게 개인적으로 영향을 미친다면―좋아하지 않는다. 우리는 신뢰하고 보답하며, 많은 경제적 관계가 이 사회적 행동에 달렸다. 우리는 남들에게서 배우고 서로 모방한다. 여러 유형의 군집 행동과 사회적 학습이 우리의 경제·금융 결정에 영향을 미친다. 이 모두를 통틀어 행동경제학은 사회심리학, 사회학, 신경과학, 진화생물학의 통찰을 버무려 사회적 영향력이 우리의 경제·금융 행동을 어떻게 왜 그토록 강력하게 좌지우지하는지 설명한다.

군집 행동을 설명하는 한 가지 해석은 모든 결정을 백지 상태에서 내려야 할 때의 시간과 인지적 노력을 절약하게 해주는 빠른 의사 결정 도구 — 행동경제학자들이 **어림짐작**(heuristic, 휴리스틱)이라고 부르는 것 — 라는 것이다. 이를테면 여러분이 냉장고를 새로 사야 하는데 이웃이 오랜 시간을 들여 최고의 냉장고 브랜드를 조사했다는 사실을 알게 되었다고 상상해보라. 그에게 추천을 부탁하기만 하면 되는데 뭐하러 그 모든 수고를 되풀이하겠는가? 여러분의 어림짐작은 이웃에게 묻는 것이다. 그러면 시간과 에너지를 많이 절약할 수 있다. 하지만 어림짐작의 문제는, 빠르고 편리하고 종종 충분히 훌륭하게 작동하기는 하지만 체계적인 행동 편향을 일으킨다는 것이다. 우리가 이웃과 친구를 모방하는 것은 귀중한 사회적 정보를 활용하는 것일 수도 있지만 그저 그들의 실수를 되풀이하는 것일 수도 있다. 게다가 군집 행동은 여러 어림짐작 중 하나에 불과하다. 어림짐작에 대해서는 방대한 행동경제학 문헌이 나와 있으며, 4장에서는 몇 가지 핵심적 통찰을 살펴볼 것이다.

제 4 장

빠른 판단

3장에서는 사회적 영향력과 딴 사람들의 행동 및 태도가 어떻게 우리의 결정을 좌우하는지 살펴보았다. 군집 행동은 핵심적 사례다. 우리가 남들을 따라 하는 것은 남들을 모방하는 것이 다음에 뭘 할지 결정하는 빠른 방법이기 때문이다. 일상의 많은 선택에서 우리는 이 속성 규칙을 활용하며, 이 장에서는 주된 어림짐작과 이를 활용했을 때의 결과를—특히, 행동 편향의 측면에서—들여다본다.

전통적으로 경제학자들은 많은 소비자와 기업의 결정 및 선택을 조율하는 시장의 역할에 초점을 맞춘다. 시장에서는 가격이 생산 비용과 수요·공급 균형에 대한 정보를 제공함으로써 결정적 역할을 한다. 시장이 매우 중요한 목적에 부응하기는 하지만, 가격 메커니즘은 잘못될 수 있으며 시장의 온갖 실패에서 보듯 가격은 수요과 공급의 모든 측면을 효과적으로 포착하지 못한다. 경제학자들은 이를 누구보다 잘 안다. 많은 경제학자들은 시장이 어떻게 왜 실패하는지 분석하느라 평생을 보낸다(대부분 시장 실패와 제도적 실패에 중점을 둔다).

행동경제학자들은 시장과 이를 뒷받침하는 제도(이를테면 정부와 법체계)에 주목하는 것이 아니라 시장을 이루는 개별적 의사 결정자의 행동을 들여다봄으로써 여기에 또다른 관점을 들여온다. 이 점에서 행동경제학자들은 표준 경제학의 가정—사람들은 무엇을 하고 무엇을 사고 무엇을 팔고 얼마나 열심히 일할지 결정할 때 비교적 복잡하고 수학적인 의사 결정 규칙을 활용한다는 가정—을 탈피한다.

전통적으로, 경제학자들은 시장이 실패할지라도 시장을 이용하는 사람들은 초합리적 존재라고 가정한다. 이따금 이 초합리적 존재들은 더 나은 정보를 바탕으로 (돌이켜보면) 아쉬운 결정을 내리기도 하지만 당시에 얻을 수 있는 정보를 바탕으로 최선을 다하며 실수를 반복하지 않는다. 이러한 합리적 행위자의 선택에는 내재적 선호가 일관되게 반영된다. 이를테면 합리적 존재가 책을 초콜릿보다 선호하고 초콜릿을 신발보다 선호한다면 그들은 책을 신발보다 선호할 것이다. 그들의 선호는 안정되고 일관된다. 그들은 자신들이 가진 최신 정보를 모두 동원하고 수학적 추론을 활용하여 그로부터 최선이자 최적인 해결책을 생각해낸다. 이 정보가 어떤 면에서 신뢰할 수 없거나 불완전할 때 무슨 일이 벌어지는지에 대해서는 경제학적으로 분석이 많이 되어 있지만, 그 밖의 덜 수학적인 선택과 결정 방식에 초점을 맞추는 경제학자는 많지 않다. 행동경제학자들이 (더 온건한 합리성 개념을 가지고서) 주목하는 것이 바로 이 지점이다.

행동경제학자들이 보기에 전통 경제학의 문제는 사람들의 의사 결정 도구에 대한 가정들이 불완전하고/거나 비현실적이라는 것이다. 현실에서 우리는 일상적인 문제를 다룰 때 고심하지 않은 채 재빨리 결정을 내린다. 이것은 어리석거나 비합리적인 행동이 아니다. 오히려 그 반대다. 우리 삶에 찰나적인 영향밖에 미치지 못하는 일상의 결정을 위해 몇 시간 동안 정보를 수집하고 꼼꼼히 전략을 계산하는 것이 더 어리석고 비합리적이다. 때로는 빠르게 결정하고 싶거나 그래야 할 때가 있는 법이다. 그렇다고 해서 빨리 생각하는 것이 좋기만 한 것도 아니다. 너무 빨리 결정하면 실수를 저지르게 된다. 우리가 어떤 결정을 내렸을 때를 되돌아보면, 시간을 좀더 들였더라면 더 나은 선택을 했을지도 모른다는 생각이 든다. 이 장에서는 이런 주제를 탐구하되 빠른 판단의 법칙과 이와 관련하여 우리가 일상적 의사 결정에서 저지르는 실수에 초점을 맞춘다.

어림짐작을 활용한 과감한 결정

정보에 짓눌리면 빨리 결정하기가 힘들다. 이때 우리는 정보 과부하(information overload)가 걸렸다고 말한다. 선택에 짓눌렸을 때에도 빠르고 정확하게 결정하기가 힘든데, 이것을 선택 과부하(choice overload)라 한다. 전통적으로 경제학자들은 선택이 좋은 것이며 선택지가 적은 것보다 많은 것이 좋다고 생각했다. 선택지가 많다는 것은 자신의 필요와 욕구에 들어맞는 제품과 서비스를 더 쉽게 찾을 수 있으므로 우리의 복리가 커진다는 뜻이다. 하지만 현실에서는 선택지가 다양하다고 해서 결과가 나아지지는 않는 듯하다.

선택 전문가 시나 아이엥거(Sheena Iyengar)와 마크 레퍼(Mark Lepper)는 선택이 어떻게 왜 쇼핑객과 학생의 의욕을 꺾는지 탐구했다. 한 실험에서는 식료품점의 쇼핑객들에게 잼 코너를 둘러보도록 했다. 한 코너에는 스물네 종의 잼이 있었고 다른 코너에는 다섯 종만 진열되어 있었다. 쇼핑객들은 잼이 많이 진열된 코너를 더 오래 둘러봤지만 정작 잼을 더 많이 산 것은 적게 진열된 코너에서였다. 선택지가 너무 많은 곳에서는 질리고 의욕을 잃은 탓에 선택을 하는 능력 자체가 손상된 것이다. 또다른 선택 실험에서는 학생을 두 집단으로 나눠 서로 다른 평가 과제를 부여했다. 한 집단은 에세이 주제를 서른 개 중에서 고르게 했고 다른 집단은 여섯 개 중에서 고르게 했다. 쇼핑 시나리오에서처럼 학생들은 선택지가 훨씬 제한적일 때 더 나은 성과와 동기를 보였다. 적은 선택지를 받은 학생들은 더 길고 훌륭한 에세이를 써냈다.

현대에는 선택 과부하의 문제가 유난히 심각하며 정보 과부하도 이를 부채질한다. 선택 과부하를 맞닥뜨리면 소비자는 빨리 결정을 내린다. 이를테면 제시된 모든 선택지를 꼼꼼히 따져보지 않고 첫째 항목을 선택한다. 선택이 너무 복잡하면, 특히 눈에 보이고 즉각적인 이익이 없는 '지루한' 결정(이를테면 연금 상품을 고르는 일)을 해야 할 때면 우리는 무엇이든 선택하려는 시도조차 아예 포기하기도 한다. 선택 과부하에 대한 그 이후의 증거는 들쭉날쭉하지만 알렉산더 체르네프(Alexander Chernev) 연구진은 최근 연구에서 맥락이 중요함을 밝혀냈다. 제시된 선택의 복잡도, 과제의 난이도, 참가자들이 자신의 선호를 확신하지 못하는 정도, 노력을 최소화하려는 욕구—이 모든 것이 선택 과부하에 대한 감수성 증가와 관계가 있다.

잼과 빵에서 복잡한 금융 상품에 이르는 모든 것을 구입할 때 온갖 선택지를 맞닥뜨리는 것과 마찬가지로 온라인과 오프라인에는 막대한 양의 복잡한 정보가 존재하는데, 이를 언제나 쉽고 빠르게 탐색할 수 있는 것은 아니다. 행동경제학자들은 경제학의 표준적 견해와 반대로 더 많은 정보가 반드시 더 좋은 것은 아님을 발견하고 있다. 여러 일상적 상황에서 우리는 복잡한 계산에 시간과 에너지를 낭비하기보다는 간단한 규칙을 활용하여 재빨리 판단하고 싶어한다. 행동경제학자들은 이 간단한 판단 규칙을 **어림짐작**(휴리스틱)이라고 부른다. 어림짐작은 잘 통할 때도 있지만 늘 그런 것은 아니며, 통하지 않을 때면 우리를 오류와 실수로 이끈다.

어림짐작을 활용하는 것은 대체로 현명한 생각이다. 자동차, 텔레비전, 냉장고, 휴대폰을 구입할 때 고작 몇 푼 아끼겠다고 며칠 동안 온라인과 오프라인 판매점을 죄다 뒤지는 것은 어리석은 짓이다. 더 사소한 일상적 선택에서는 더더욱 그렇다. 나는 빵을 살 때마다 샅샅이 시장 조사를 하지는 않는다. 런던 내 모든 슈퍼마켓의 빵 가격을 비교하느라 시간을 허비하지 않는다. 빵 가격에서 50펜스를 아낄 수 있을지는 모르지만 가장 싼 슈퍼마켓에 가느라 5파운드를 써야 할 수도 있기 때문이다. 게다가 내가 허비한 시간의 가치도 고려해야 한다. 이 통찰은 거래 비용에 대한 표준 경제학적 분석에도 부합한다. 대다수 경제학자들은 우리가 무엇을 살지 결정할 때뿐 아니라 거래하고 흥정하고 정보를 수집하는 과정에서도 경제

성을 따진다는 데 동의한다.

하지만 행동경제학자들은 이 통찰에서 한발 더 나아가 우리가 이런 거래 비용을 계산하지 않는다고 주장한다. 우리는 어림짐작을 활용하며, 이 덕분에 여러 선택지의 직간접적 비용 중 '어느 것'에 대해서도 너무 깊이 생각하느라 시간을 낭비하지 않는다. 빵 고르기로 돌아가서, 나는 여러 어림짐작을 활용할 수 있다. 지난번에 산 빵이 맛있었다는 것을 기억하여 같은 빵을 살 수도 있고, 건강해지고 싶으면 건강을 연상시키는 제품—비닐보다는 종이 포장지를 많이 쓰고 초록 식물과 씨앗 그림이 그려진 것—을 고를 수도 있고, 집에 있는데 멀리 가기 귀찮으면 그냥 집 앞 편의점에 갈 수도 있다(대형 슈퍼마켓보다 값이 꽤 비싸다는 건 알지만). 하지만 이 과정들은 거의 무의식적으로 이루어진다. 나는 빵 제조사와 공급사에서 제공하는 정보를 분석적으로 고려하지 않으며 여러 선택지의 상대적 거래 비용에 대해서도 골똘히 생각하지 않는다.

어림짐작을 동원할 때의 문제는 실수와 편향에 빠지기 쉽다는 것이다. 심리학자 대니얼 카너먼(Daniel Kahneman)과 아모스 트버스키(Amos Tversky)는 어림짐작 분석의 선구자였으며 두 사람의 연구는 카너먼이 2011년에 출간한 책 『생각에 관한 생각Thinking, Fast and Slow』(한국어판은 2018년 개정판 참고—옮긴이)으로 널리 알려졌다. 카너먼과 트버스키는 여러 실험과 통찰을 활용하여 어떻게 해서 적은 개수의 어림짐작이 우리로 하여금 체계적이고 예측 가능한 실수를 저지르게 하는지 밝혀냈다. 빨리 결정하다보면 최선의 선택에서 멀어질 때가 있다.

카너먼과 트버스키는 가용성, 대표성, 닻 내림/조정의 세 가지 주요 어림짐작 유형과 이에 따른 행동 편향을 탐구했다.

가용 정보 활용하기

우리는 결정을 내릴 때—특히, 서두를 때—자신이 가진 모든 정보를 꼼꼼히 들여다보지 않는다. 그 대신, 접근하고 끄집어내고 회상하기 쉬운 정보를 이용한다. 정보를 이용하는 것은 회의 시간이 빠듯할 때 서류함을 뒤지는 것과 비슷하다. 우리는 조금이라도 관계가 있어 보이는 서류철부터 들추는 경향이 있으며, 모든 서류철을 꼼꼼히 들여다보며 가장 적절한 정보를 찾을 만큼의 시간과 에너지는 없다. 이 때문에 중요한 정보를 놓치고 실수를 저지르기도 한다.

모든 관련 정보를 온전하고 꼼꼼하게 살펴보지 않고 쉽게 찾을 수 있는 정보에만 의존하는 것을 카너먼과 트버스키는 **가용성 어림짐작**(availability heuristic)이라고 부른다. 가용성은 **초두 효과**(primacy effect)와 **최신 효과**(recency effect)라는 심리학 개념과도 관계가 있다. 우리는 정보의 처음과 마지막 부분은 쉽게 기억하지만 가운데 부분은 쉽게 잊어버린다.

우리의 습관적 행동도 가용성 어림짐작으로 설명할 수 있다. 남편과 나는 여행을 좋아하는데, 항공편과 호텔은 주로 내가 예약한다. 나는 온라인과 오프라인에 온갖 여행사가 있다는 걸 알지만 매번 같은 여행사를 이용하는 경향이 있다. 예약하는 법을 쉽게 기억할 수 있기 때문이다. 나는 최근의 경험이 얼마나 좋았는지(또는 나빴는지) 기억하는데, 온라인 사이트는 과거 경험에 대한 정보를 저장할 수 있어서 기억하는 데 도움이 된다. 온라인 업체에서 자주 이메일 알림을 보내는 것도 이런 기억을 강화한다. 나는 발품을 충분히 팔지 않기 때문에 어떤 거래에서든 빼먹는 것이 있을 수 있다. 호구가 되고 싶지는 않아서 이따금 딴 사이트들을 둘러보기는 하지만, 호텔과 항공편의 가격 차이가 많이 나는 경우는 드물다. 이게 여행사의 가격 담합 때문인지 가격 경쟁 때문인지 둘 다 때문인지는 모르겠다. 어느 쪽이든, 곰곰이 생각해보면 내가 쉽게 얻을 수 있는 정보를 재빨리 활용한다고 해도 중대한 잘못을 저지르지는 않으리라는 확신이 든다. 실수할 수야 있겠지만.

이따금 우리는 가용성 어림짐작을 더 의식적으로 활용하기도 하는데—이를테면 비밀번호를 고를 때—그러면 해킹이나 피싱을 하거나 스팸 메일을 보내는 사람들이 우리의 사이버 프라이버시를 침해할 위험성이 커진다. 좋은 비밀번호는 기억하기 힘든 비밀번호이기 때문이다. 우리는 가용성 어림짐작을 통해 자신이 기억하기 쉬운 비밀번호를 만드는데, 문제는 기억하기 쉬운 비밀번호가 깨뜨리기도 쉽다는 것이다. 보안 회사 스플래시데이터(SplashData)에서는 해마다 최악의 비밀번호 목록을 발표한다. 가장 흔하고 유구한 비밀번호는 '123456'이다(스플래시데이터 목록에서 몇 년째 1위를 차지하고 있다). 그다음으로 흔한 비밀번호는 'password'다. 둘 다 가용성 어림짐작을 활용하여 쉽게 떠올릴 수 있지만, 두 비밀번호가 흔히 쓰인다는 사실을 모르는 해커는 없다.

정책 입안자와 경쟁 규제 당국의 관심사는 우리가 어떻게 ─ 특히, 소비자의 '전환(switching)' 행동이라는 맥락에서 ─ 어림짐작을 활용하는가다. 우리는 에너지나 휴대폰, 금융 서비스를 전환하는 일에 굼뜨다. 더 나은 조건이 있어도 좀처럼 바꾸려 들지 않는다. 왜 더 나은 조건으로 빨리빨리 바꾸지 않는 걸까? 어쩌면 게으름과 귀찮음 때문일 수도 있겠지만, 가용성 어림짐작이 작용하고 있을 가능성도 있다. 기억에 남을 만큼 나쁜 경험이 없었다면, 우리는 자신이 아는 것을 고수하는 경향이 있다. 그것이 바로 우리가 아는 것이기 때문이다. 이런 탓에 기업이 소비자의 타성을 악용할 가능성에 대한 정책 입안자들의 근심이 커지고 있다. 소비자로부터의 경쟁 압박이 기업을 강제하지 않으면—즉, 소비자가 더 나은 조건을 찾기로 결정하지 않는다면—기업은 더 나은 조건을 제시할 유인을 느끼지 않는다. 그렇다면 해결책은 무엇일까? 가격 비교 사이트는 더 나은 정보를 더 빨리 접할 수 있는 한 가지 방법이다. 정부도 우리가 공급 업체를 더 쉽게 전환할 수 있도록 하는 방법을 고안하고 있는데, 이것은 9장 '경제적 행동과 공공 정책'에서 더 자세히 들여다볼 것이다.

대표성 활용하기

트버스키와 카너먼의 어림짐작 중에서 우리를 편향으로 이끄는 또다른 것으로 **대표성 어림짐작**(representativeness heuristic)이 있다. 우리는 결정할 때 곧잘 유추를 동원한다. 우리는 표면적으로 비슷한 사건들을 가지고 (이따금 사이비인) 비교를 한다. 행동경제학자와 심리학자는 다양한 실험을 통해 우리가 어떻게 해서 시나리오들이 비슷하다는 결론으로 성급하게 건너뛰는지 보여준다. 남들에 대한 인식에서도 우리는 자신의 기존 통념에 끼워 맞춘다.

트버스키와 카너먼은 대표성 어림짐작을 보여주는 여러 실험을 소개한다. 그중 한 실험에서는 실험 참가자들에게 어떤 사람이 종사할 법한 직업을 판단해보라고 주문했다. 어떤 참가자들에게는 스티브라는 사람의 묘사를 제시했는데, 스티브는 아주 수줍어하고 내성적이며 꼼꼼한 사람으로 묘사되었다. 이 정보를 접한 참가자들은 스티브가 사서라고 예측할 가능성이 컸다. 그가 사서일 상대적 가능성에 대한 객관적 정보는 그 판단을 뒷받침하지 않는데도 말이다.

'린다 문제'를 탐구한 트버스키와 카너먼의 실험에서도 비슷한 현상을 볼 수 있다. 두 사람은 또다른 실험 참가자 집단에 린다라는 여인에 대한 정보를 읽으라고 요청했다. 린다는 삼십 대이고 똑똑하고 미혼이고 직설적인 여성으로 묘사되었다. 사회 정의와 차별에 깊은 관심을 보였으며 반핵 시위에도 참여했다. 그런 다음 실험 참가자들은 이런 질문을 받았다.

둘 중 어느 경우가 더 흔하겠는가?
1. 린다는 은행 창구 직원이다.
2. 린다는 은행 창구 직원이고, 여성 운동에 적극적이다.

많은 사람들은 2번 '린다는 은행 창구 직원이고 여성 운동에 적극적이다'를 선택한다. 그런데 이 범주는 1번 (모든) '은행 창구 직원'의 부분 집합이다. 2번의 경우의 수는 아무리 커도 1번을 넘을 수 없다. 이 실수는 **결합 오류**(conjunction fallacy)로 불리며, 이른바 '결합 사건(conjoint event)'—그림 1에서 보

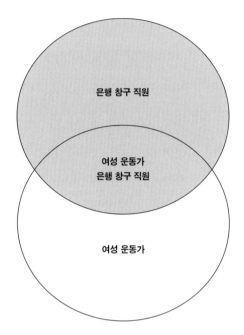

1. 린다 문제─결합 오류.

듯 함께 일어나는 사건—의 확률과 관계가 있다.

많은 사람들은 두 사건의 결합—'린다는 은행 창구 직원이면서 여성 운동가다'—이 하나의 사건—'린다는 은행 창구 직원이다'—보다 가능성이 더 크다고 판단했다. 린다가 은행 창구 직원인 사건은 더 큰 가능성 집합, 여성 운동가와 여성 운동가 아닌 사람을 망라한 모든 은행 창구 직원에 해당하는데도 말이다. 제시된 정보에 따르면 린다가 여성 운동가가 아닐 가능성이 있으므로, 확률 법칙을 제대로 적용한다면 1번이 더 그럴듯하다고 판단해야 한다.

왜 이토록 많은 사람들이 간단한 확률 법칙을 무시하는 것일까? 그것은 우리가 오로지 수학적이고 통계적인 규칙만을 바탕으로 판단을 내리지는 않기 때문이다. 우리는 머릿속에서 서사적 설명을 만들어낸다. 이야기는 상상력을 강하게 자극한다. 우리는 대표성 어림짐작을 통해 이전의 시나리오와 통념에 대한 지식에 자신의 판단을 끼워 맞춘다. 린다의 이야기를 들으면 그녀가 여성 운동가일 가능성이 더 크다는 생각이 들기 때문에 우리는 그녀가 여성 운동가일 가능성이 명시적으로 포함된 선택지를 고른다. 통계와 확률의 법칙을 알고 있어도 확률 법칙에 대한 지식은 이 문제와 관련이 없는 것처럼 보이기에 우리는 법칙을 버리고 일관된 서사를 받아들인다. 그 서사란 린다가 누구이고 무슨 일을 하는지 설명하는 이야기다.

우리가 과거의 믿음을 새로운 정보에 맞게 조정하는 일에 굼뜨다면 대표성 어림짐작은 우리의 판단을 왜곡할 수도 있는데, 이것은 **확증 편향**(confirmation bias)과 **인지 부조화**(cognitive dissonance) 문제로 연결된다.

확증 편향은 과거의 믿음을 판단의 확고한 근거로 삼을 때 일어난다. 이것은 정치 논쟁과 좌우파의 분쟁에서 흔히 일어나는 현상이다. 마틴 팔릿(Martin Parlett)은 2014년에 출간한 책『대통령의 악마화: 버락 오바마를 외국인으로 둔갑시키다Demonizing the President: The Foreignization of Barack Obama』에서 2011년 4월 오사마 빈 라덴 암살에 버락 오바마가 관여한 것에 대한 반응을 탐구한다. 언뜻 보기에는 빈 라덴 암살에 버락 오바마가 관여했다는 것을 친(親)테러 행위로 해석할 수 있다고 상상하기는 힘들어 보인다. 하지만 보수파 신문 〈워싱턴 타임스〉는 오바마가 빈 라덴의 장례식을 온전한 전통 무슬림 방식으로 치르게 허용함으로써 그에게 경의를 표했다고 주장했다. 보수파의 견해는 오바마가 테러 동조자라는 것이었기에, 오바마의 행위는 그것이 심지어 테러 지도자의 암살일지라도 보수파의 관점에서 친테러적으로 해석될 수 있었다.

2015년 영국에서 야당인 노동당의 대표로 깜짝 당선된 제러미 코빈도 확증 편향의 제물이 되었다. 총리 질의응답(Prime

Minister's Questions)에서는 야당 대표를 필두로 영국 의회 의원들이 문안을 직접 작성하여 질의하는 것이 상례였는데, 코빈은 질의응답에 처음 나섰을 때 유권자들이 보낸 질문도 질의에 포함시켰다. 그의 지지자들은 이를 고결한 민주적 성향의 빼어난 표현으로 해석했으나, 반대자들은 그가 자신이 무슨 일을 하는지 알지 못하고 스스로 질문을 생각해낼 수 없다는 증거로 해석했다. 어느 쪽이든 제러미 코빈의 행동 이후에 그에 대한 사람들의 견해는 달라지지 않았다. 그의 행동은 사람들의 기존 믿음을 확증했을 뿐이다.

확증 편향은 새로운 증거를 기존 믿음에 비추어 해석하는 것과 관계가 있는 반면에 **인지 부조화**는 믿음과 행동의 모순에서 비롯된다. 우리는 자신이 착하고 너그러운 사람이라고 믿을지도 모르지만, 구걸하는 노숙자를 곧잘 지나친다. 행동이 자신에 대한 믿음과 모순되면 우리는 행동을 합리화한다. 우리는 노숙자가 〈빅 이슈〉를 팔았으면 한 부 샀을 거라고 판단할 수도 있다. 아니면 노숙자가 실은 우리의 지갑을 노리는 들치기라고 단정할 수도 있다. 그것도 아니면 어차피 돈을 줘봐야 마약에 쓸 테니까 그들에게 도움이 안 된다고 판단할 수도 있다. 어떻게 생각하든 우리는 상황에 대한 인식을 조작하여 과거 믿음—이 경우는 자신의 너그러움에 대한 믿음—이 흔들리지 않도록 한다.

조지 애컬로프와 윌리엄 디킨스(William Dickens)는 몇 가지 행동 실험으로 이 성향을 입증했다. 두 사람은 학생들에게 서로를 모욕하라고 했다. 이를테면 "넌 천박하고 못 믿겠고 멍청해"라고 말하는 식이다. 애컬로프와 디킨스는 모욕하는 학생들이 모욕 대상에 대해 더 철저하게 비판적으로 바뀜으로써 자신의 태도를 조정한다는 사실을 발견했다. 모욕하는 학생들은 자신이 '좋은' 사람이라는 믿음이 흔들리는 것을 바라지 않았으며 이 부조화를 해소하는 유일한 방법은 남들에 대한 믿음을 조정하는 것이었다. 애컬로프와 디킨스는 더 일반적인 상황에서 사람들이 폭력적이고 공격적인 행동을 정당화하는 현상이 학생들의 반응과 일맥상통할 수 있다고 결론짓는다.

닻 내림과 조정

셋째 편향은 어떤 기준점을 결정의 근거로 삼아 이 기준점에 따라 선택을 조정할 때 일어난다. 이번에도 트버스키와 카너먼은 자신들의 발상을 입증하기 위해 여러 실험 증거를 제시한다. 한 연구에서는 학생들에게 산수 문제의 답을 빠르게 추정하도록 했다. 한 집단에게는 $8 \times 7 \times 6 \times 5 \times 4 \times 3 \times 2 \times 1$을 추정하도록 했고 다음 집단에게는 $1 \times 2 \times 3 \times 4 \times 5 \times 6 \times$

7×8을 추정하도록 했다. 두 추정은 비슷해야 마땅하지만 8×7×…에서 시작한 학생들은 1×2×…에서 시작한 학생들보다 더 큰 추정치를 내놓았다. 이 현상에 대한 한 가지 설명은 첫째 집단이 정답을 추정할 때 눈에 보인 첫 수인 '8'을 근거로 삼았기에 '1'을 근거로 삼은 둘째 집단보다 더 큰 수를 떠올렸다는 것이다. 학생들의 답은 우리가 최초의 근거에 맞춰 판단을 조정할 때 일어나는 더 일반적인 문제인 '불완전한 조정'을 보여준다. 우리의 결정과 선택은 시작점에 의해 왜곡된다.

일상에서 볼 수 있는 **닻 내림**(anchoring)과 **조정**(adjustment)의 사례로는 시드니 주택 시장을 들 수 있다. 호주에서는 많은 주택이 경매로 매각되는데, 이는 연구자들에게 풍부한 데이터베이스가 된다. 낙찰률은 시드니 주택 시장의 활황세를 보여주는 중요한 지표로, 2015년은 시드니의 평균 주택 가격이 20퍼센트가량 상승한 호황기였다. 이 거품은 2015년 말에 (일시적으로) 꺼졌으며 낙찰률은 최대 90퍼센트(즉, 경매에 올라온 주택의 90퍼센트가 매각에 성공했다)에서 50퍼센트 이하로 폭락했다(www.abs.gov.au/ausstats/abs@.nsf/mf/6416.0 참고). 2016년 초가 되자 잠재적 주택 매도자들이 이 하락세에 반응하여 낙찰률이 다시 상승했으나, 이는 그저 주택을 경매에 내놓는 매도자의 수가 급감했기 때문이다(경매에 올라온 주택의 수는

2015년 말의 수백 채에서 2016년 초에는 한 손가락으로 셀 수 있을 정도로 줄었다). 한 가지 가능한 설명은 잠재적 매도자들이 특정 매매가를 기대치의 근거로 삼았다는 것이다. 그들은 이 가격을 받을 가능성이 희박함을 알게 되자 시장의 힘이 가격을 결정하도록 내버려두기보다는 아예 주택을 팔지 않기로 결정했다.

어떻게 보면 닻 내림 어림짐작과 조정 어림짐작의 닻 내림 요소는 앞에서 설명한 가용성 어림짐작과 겹친다. 기준점은 다른 정보보다 인지적 접근성이 큰 경우가 많다. 이를테면 우리는 종종 현재 상태를 기준점으로 삼아 기존 상황에서 멀어지는 변화를 회피하는 경향이 있다. 이로 인해 **현상 유지 편향**(status quo bias)과 **친숙함 편향**(familiarity bias)이 일어나기도 한다. 사람들은 변화에 저항하기도 하고, 사건을 현재 상황과 얼마나 다르냐에 따라 판단하기도 한다. 일상생활에서의 많은 판단은 결정이 우리를 현재 상태에서 얼마나 멀어지게 할 것인가를 바탕으로 삼는다. 새 일자리를 찾거나 집을 팔 때 적정 임금이나 적정 주택 가격에 대한 우리의 판단은 지금 벌고 있는 금액, 이 집을 샀을 때 지불한 가격, 이웃이 자기집을 팔면서 받은 가격 등을 기준으로 삼는다. 문제는 이 판단이 수요와 공급이라는 시장의 힘과 거의 무관할 수 있다는 것이다. 이 판단은 시장이 순조롭게 굴러가는 데 방해가 될 수도 있다.

기업과 정책 입안자들은 우리의 현상 유지 편향을 활용하여—이를테면 기본 선택지라는 방식으로 현재 상태를 정함으로써—의사 결정을 조작할 수 있다. 우리에게 제시되는 기본 선택지는 현재 상태를 나타내기에, 이 기본값에서 멀어지려면 의식적으로 노력해야만 한다. 그림 2에서 보듯, 기업들은 우리를 혼란시키는 복잡한 기본 선택지를 설계함으로써 이 성향을 종종 악용한다.

하지만 정책 입안자들은 현상 유지 편향과 기본 선택지를 더 건설적으로 활용하여, 우리의 타성에서 생길 수 있는 문제를 해결할 수 있다. 핵심적인 사례로는 연금을 들 수 있다. 인구가 노령화되고 기대 수명이 길어지면서 많은 선진국에서는 사람들이 연금을 내도록 유도하는 것이 중대한 정책 문제이며 그 중요성이 점점 커지고 있다. 행동경제학자 슐로모 베나치(Shlomo Benartzi)와 리처드 세일러(Richard Thaler)는 현상 유지 편향과 (기본 선택지가 현재 상태를 나타낼 경우) 사람들이 기본 선택지를 고집하는 경향에 기반한 연금 계획을 고안했다. '내일 더 저축하세요(Save More Tomorrow, SMarT)'라는 이 계획은 미래 임금 인상분 중 일정 비율이 직원의 연금 기금에 투입되도록 설계되었다. 이렇게 하면 직원이 일부러 거부하지 않는 한 임금이 인상될 때 그중 일부가 스마트 연금 기금에 들어간다. 게다가 직원들은 현재 임금에 비해 잃는 것이 아무

2. 기본 선택지 혼동.

것도 없다고 느낀다. 임금 '인상분'만이 스마트 기금에 납부되기 때문이다. 그리고 직원들에게는 여전히 선택권이 있다. 임금 인상분의 일부를 자동으로 납부하는 것이 기본 선택지이지만, 직원이 인상분 중에서 한 푼도 연금 기금으로 잃고 싶지 않다면 이 방식을 거부할 수 있다. 베나치와 세일러는 이런 식으로 기본 선택지를 조작하기만 해도 연금 납부액이 부쩍 증가한다는 사실을 발견했다. 많은 나라에서 이 통찰을 바탕으로 연금 계획과 정책을 재설계했다.

1970년대 카너먼과 트버스키의 선구적 연구 이후로 경제학자와 심리학자가 밝혀낸 어림짐작과 편향의 범위는 빠르게 증가했다. 위키백과의 '인지 편향(cognitive bias)' 항목에는 100여 가지 편향이 올라와 있다. 이 통찰에 대한 분석 체계를 개발하면 이 편향들이 우리의 선택에 어떻게 왜 영향을 미치는지 더 깊이 이해할 수 있을 것이다. 많은 행동경제학자들이 이 연구에 뛰어들어 핵심적 통찰을 담은 이론을 만들어냈다. 이 분야에서 발전한 이론 중에서 가장 영향력 있는 것으로 **전망 이론(prospect theory)**이 있다. 카너먼과 트버스키는 이 이론을 수립하면서 어림짐작과 편향에 대한 초기의 발상을 의사결정에 대한 더 풍성하고 체계적인 분석으로 발전시켰으며 특히 위험이 따르는 상황에서 우리가 어떻게 결정을 내리는가에 전망 이론을 적용했다. 이어지는 5장에서는 전망 이론을

비롯하여 위험이 따르는 결정에 대한 여러 이론을 살펴볼 것
이다.

제 5 장

위험이 따르는
선택

4장에서는 결정을 서두르다 실수를 저지르는 여러 형태를 살펴보았는데, 위험과 불확실성을 맞닥뜨렸을 때는 그럴 가능성이 더더욱 크다. 도로를 건너거나 복권을 사거나 돈을 투자하거나 단기 대출을 받을 때 이 모든 결정에는 위험과 불확실성이 따른다. 경제학자들은 대체로 위험을 계량할 수 있다고 생각한다. 도로를 건너다 버스에 치일 확률을 알 수 있으면—이를테면 8000분의 1이라고 하자—결과에 얼마큼의 가치를 부여하느냐에 따라 위험을 감수하고 싶은지 아닌지 결정할 수 있다는 것이다.

또한 우리가 위험이 따르는 선택지 중 하나를 고를 때 자신이 위험 감수를 얼마나 즐기는지 여부를 기준으로 삼는다고 대체로 가정한다. 게다가 선택지가 다른 식으로 제시되고 규정된다고 해서 우리의 위험 선호가 달라지지는 않는다고 간주한다. 내가 산 복권이 100만 파운드에 당첨될 확률은 1400만 분의 1이기에 당첨 가능성이 희박하지만, 나는 이 낮은 가능성과 거액의 당첨 전망을 저울질하여 나의 위험 선호에 따라 결정을 내린다. 나는 위험 감수를 즐기는가, 할 수만 있다면 위험을 피하고 싶어하는가? 아니면 위험 중립적이어서 어느 쪽에도 치우치지 않는가? 위험 회피를 선호한다면 복권을 사지 않을 것이고 위험 감수를 선호한다면 살 것이다.

하지만 행동경제학자들은 위험을 이런 식으로 이해하는 것에 이의를 제기한다. 그들은 상황이 바뀌면 위험 지각이 달라지는 것에 주목한다. 일례로 우리는 정보가 얼마나 쉽게 기억나느냐에 따라 위험을 판단하며 이는 4장에서 살펴본 가용성 어림짐작과 관계가 있다. 우리는 선택할 때 찾을 수 있는 모든 정보가 아니라 빠르게 이용할 수 있는 정보—쉽고 빠르게 떠올리거나 끄집어낼 수 있는 정보—를 바탕으로 삼는다. 비행기 사고가 났다는 신문 기사를 예로 들어보자. 우리는 비행기 사고 기사를 심심찮게 접하며, 비행기 잔해와 비탄에 잠긴 친척들을 묘사한 이야기들은 매우 인상적이고 생생하고 감정적인 이미지를 종종 동반한다. 이로 인해 우리는 비행기 사고가 보행자 사고보다 훨씬 흔하다고 오해한다. 도로를 건너다 목숨을 잃을 가능성이 더 크지만 보행자 사망 사고는 지방지에 실리는 것이 고작이다. 우리는 비행기를 탈지 말지 결정할 때 훨씬 조심하고 우려하지만, 정작 더 주의해야 하는 것은 도로를 건널 때다.

위험이 따르는 결정을 내릴 때 저지르는 또다른 실수는 손실의 영향을 이득에 비해 부풀리는 것이다. 사람들이 이득에서 얻는 쾌감보다 같은 양의 손실에서 얻는 고통이 더 크다는 것은 여러 행동 실험에서 밝혀진 사실이다. 이를테면 우리는 10파운드를 따는 것보다 10파운드를 잃는 것에 훨씬 전전긍긍한다. 이 현상은 **손실 회피**(loss aversion)라고 불리며, 다양한 결정에 적용된다고 알려져 있다.

일례로 주택 시장이 있다. 주택 소유자들은 집값이 떨어지면 집을 팔지 않으려 드는데, 그 이유는 집을 팔면 집값 하락으로 인한 손실을 겪어야 하기 때문인 듯하다. 그래서 주택 소유자들이 매도 결정을 미루다 경제 여건이 악화되거나 주택담보 대출 금리가 인상되면 많은 주택 소유자들이 한꺼번에 집을 팔아야 하는 사태가 벌어지기도 한다. 그러면 주택 시장이 매물로 넘쳐나 (아이러니하게도) 주택 소유자의 손실이 커질 가능성이 있다. 이 모든 것이 손실 회피 성향으로 인해 매도 결정을 미뤘기 때문이다.

행동경제학자들은 위험 감수의 인간적·심리적 측면을 설

명하는 이론을 수립하고 있다. 이 이론들은 사람들이 위험에 대한 정보를 신중하고 일관되고 수학적으로 저울질한다는 표준 경제학의 가정에 이의를 제기한다.

전망 이론 대 기대 효용 이론

대니얼 카너먼과 아모스 트버스키가 발전시킨 행동경제학의 핵심적 위험 모형은 4장에서 살펴본 어림짐작과 편향의 분석에서 끌어낸 핵심 개념을 (어느 정도) 정식화한 것이다. 전망 이론의 대상은 미래의 위험이 따르는 전망이다. 이를테면 집을 살 때 우리에게는 두 가지 전망이 있을 수 있다. 집을 처음 사는 사람이, 편하지만 값비싼 도심의 아파트를 살지 불편하지만 값싼 교외나 시골의 단독 주택을 살지 고민한다고 상상해보라. 두 가지 고용 전망을 저울질하는 사람도 있을 수 있다. 젊은 대학원생에게 두 가지 전망이 있다고 상상해보라. 그는 훨씬 흥미진진한 무급 인턴직을 선택했다가 나중에 고임금 일자리로 갈아탈 수도 있고 처음부터 안정적 수입이 보장된 일자리를 선택할 수도 있다. 매일같이 우리는 위험이 따르는 전망을 서로 저울질한다.

카너먼과 트버스키가 전망 이론을 발전시키는 출발점으로 삼은 것은 위험에 대한 표준 경제학의 접근법에 담긴 핵심 요소인 **기대 효용 이론**(expected utility theory)이었다. 기대 효용 이론이란 무엇일까? '효용'은 경제학자들이 행복과 만족을 일컫는 단어로, 기대 효용 이론은 여러 선택지들이 (미래 효용의 관점에서) 우리에게 장차 무엇을 가져다줄 것인가의 관점에서 우리가 어떻게 여러 선택지 중 하나를 결정하는지 탐구한다. 하지만 우리는 완벽한 예보관이 아니며 이런 기대는 이따금 틀린 것으로 드러나기도 한다.

기대 효용 이론은 행동에 대한 여러 제한적 가정에 근거한다. 기대 효용 이론가들은 사람들이 결정에 관련되고 가용한 모든 정보를 고스란히 활용한다고 가정한다. 또한 우리가 비교적 복잡한 수학 도구를 이용하여 효용을 극대화한다고도 가정한다. 우리가 결정을 내릴 때 자신이 가진 정보를 근거로 자신이 할 수 있는 한 최선을 다하고 가장 높은 수준으로 기대되는 행복과 만족을 가져다주는 선택지를 고른다고 가정하는 것이다. 우리는 이 최선의 선택지를 찾아냈으면 그다음에는 마음을 바꾸지 않는다. 우리의 선택은 변덕스럽지 않다. 우리가 바나나보다 오렌지를 좋아하고 오렌지보다 사과를 좋아하면 바나나보다 사과를 좋아한다. 이것이 기대 효용 이론의 가정이다.

행동 역설

카너먼과 트버스키에 따르면 기대 효용 이론의 문제는 알레 역설과 엘스버그 역설 같은 흔한 행동 역설을 쉽게 설명하지 못한다는 것이다.

19세기 프랑스의 경제학자 모리스 알레(Maurice Allais)는 사람들이 위험이 따르는 상황에서 선택할 때 종종 변덕을 부린다는 사실을 밝혀냈는데, 유명한 행동 역설 중 하나는 그에게 경의를 표하기 위해 **알레 역설**(Allais Paradox)이라는 이름이 붙었다. 알레 역설에 따르면, 사람들은 위험이 따르는 결과들에 대해 안정적이고 꾸준한 반응을 보이지 않는다. 특히, 결과가 확실한 선택지를 위험이 따르는 일련의 선택지와 함께 제시하면 사람들은 확실한 결과를 선호한다(어떤 전망들을 제시하느냐에 따라서는 기꺼이 위험을 감수하기도 하지만). 카너먼과 트버스키는 이 효과를 **확실성 효과**(certainty effect)라고 불렀으며 자신들의 실험으로 이를 입증했다. 두 사람은 사람들이 보상을 늘리기 위해 ─ 이를테면 1달러만큼 ─ 사소한 위험을 덤으로 감수하려 드는지 알고 싶어했다. 사람들이 위험 감수에 대해 일관된 선호를 나타낸다면 위험을 즐기는 사람들은 위험을 감수하고 위험을 회피하는 사람들은 감수하지 않을 것이다. 카너먼과 트버스키는 알레 역설을 검증하기 위해 확실성이 보장된 선택지를 포함시켰다. 사람들의 선택, 특히 위험 감수 성향이 큰 사람들의 선택이 이로 인해 왜곡되는지 알고 싶어서였다.

카너먼과 트버스키는 실험 참가자들에게 두 게임―게임 1과 게임 2―의 여러 전망 집합을 평가하도록 했다. 참가자들은 게임마다 두 가지 선택지 중 하나를 골라야 했다. 게임 1의 두 선택지는 다음과 같다. 확실한 보장과 함께 24달러를 받을 수도 있고―즉, 24달러를 받을 확률이 100퍼센트―한 푼도 받지 못할 가능성이 조금(1퍼센트) 있지만 24달러보다 많은 금액을 받을 가능성도 있는―25달러를 받을 확률이 33퍼센트이고 24달러를 받을 확률이 66퍼센트로, 적어도 24달러를 받을 전체 확률은 99퍼센트―내기를 할 수도 있다. 이 선택지들을 표 1에 정리했다.

게임 1의 전망들만 놓고 보면 새로이 할 수 있는 것은 전혀 없다. 위험을 회피하는 사람은 24달러를 확실히 받을 수 있는 선택지 1을 고를 것이고, 위험을 추구하는 도박꾼은 한 푼도 얻지 못할 가능성이 약간 있긴 하지만 25달러 보상을 얻어 1달러를 더 챙길 수 있는 둘째 선택지를 골라 운을 시험할 것이다. 두 선택 다 기대 효용 이론과 맞아떨어진다. 하지만 이것을 둘째 선택지 집합이 포함된―이것도 표 1에 정리되어 있다―게임 2의 선택과 비교하면 **비일관성**(inconsistency)이 드러난다.

	선택지	
	게임 1	**게임 2**
선택지 1	확실한 24달러	24달러를 받을 확률 34퍼센트
		0달러를 받을 확률 66퍼센트
선택지 2	0달러를 받을 확률 1퍼센트	25달러를 받을 확률 33퍼센트
	25달러를 받을 확률 33퍼센트	0달러를 받을 확률 67퍼센트
	24달러를 받을 확률 66퍼센트	

표 1. 알레 역설 게임.

게임 1과 게임 2의 결정적 차이는 게임 2에서는 확실한 결과를 제시하지 않는다는 것이다. 첫째 선택지는 24달러를 받을 확률 34퍼센트와 0달러를 받을 확률 66퍼센트다. 게임 1에서와 마찬가지로 둘째 선택지에서는 약간 낮긴 하지만 좀더 받을 가능성이 있는 반면에(25달러를 받을 확률 33퍼센트) 한 푼도 받지 못할 가능성도 약간 높아진다(0달러를 받을 확률 67퍼센트). 따라서 게임 2는 확실한 선택지가 없다는 점을 '제외하면' 여러 면에서 게임 1과 비슷하다.

기대 효용 이론에서는 결과가 사람의 위험 선호로 결정되며 위험과 보상 사이에 상충 관계가 있다고 예측한다. 위험을 회피하는 신중한 사람과 위험을 즐기는 도박꾼의 두 유형이 있다면 신중한 사람은 늘 안전한 선택지를 고르고 도박꾼은 늘 위험이 따르는 선택지를 고를 것이다. 게임 1에서 도박꾼은 25달러를 얻고 싶어서 약간의 운을 시험할 것이다. 그들은 약간 높은 보상을 위해 한 푼도 받지 못할 위험이 조금 커지는 것을 감수할 것이다. 게임 2에서도 도박꾼은 25달러를 받을 기회를 선택할 것이다. 두 경우에 다 그들은 위험을 즐기기에 선택지 2를 고를 것이다.

신중한 사람은 정반대로 행동하여, 두 경우에 다 선택지 1을 고를 것이다. 게임 1에서든 게임 2에서든 선택지 1은 한 푼도 받지 못할 확률이 적은 안전한 선택지이기 때문이다. 게임

1에서 선택지 1을 고르면 한 푼도 받지 못할 가능성이 전혀 없다. 게임 2에서 한 푼도 받지 못할 가능성은 선택지 1의 66 퍼센트가 선택지 2의 67퍼센트보다 약간 낮다.

실제로 사람들은 이 게임에서 어떤 선택을 할까? 카너먼과 트버스키는 사람들의 선택이 일관되지 않다는 사실을 발견했다. 즉, 도박꾼이 늘 위험을 감수하지는 않았다. 이는 앞선 실험 연구와 일맥상통한다. 많은 사람들은 게임 1에서 선택지 1(확실하고 안전한 선택지)을 고르지만 게임 2에서는 선택지 2(좀더 위험이 따르는 선택지)를 고른다. 카너먼과 트버스키는 이것을 확실성 효과의 존재를 입증하는 증거로 해석한다. 많은 사람들은 운을 시험하고 내기를 거는 것을 좋아하지만, 확실한 결과를 제시받으면 더 높은 보상을 위해 추가적 위험을 감수하지는 않는 쪽으로 선택이 왜곡된다.

이것은 일상에서의 선택과 어떤 관계가 있을까? 어쩌면 보상을 받으려는 경쟁에 영향을 미칠지도 모르겠다. 카너먼과 트버스키가 확실성 효과를 입증하기 위해 설계한 또다른 게임은 휴가 게임이다. 한 게임에서는 참가자들이 영국, 프랑스, 이탈리아를 3주간 관광할 수 있는 확률이 50퍼센트인 선택지와 영국을 1주일 확실하게 관광할 수 있는 선택지(100퍼센트 보장) 중에 하나를 골라야 했다. 덜 매력적인 영국 관광의 확률은 더 매력적인 유럽 관광의 두 배다. 대다수 참가자(100명

중 78명)는 덜 매력적이지만 확실한 선택지인 1주일 영국 관광 보장을 골랐다.

하지만 둘째 게임에서는 참가자들이 휴가 보상을 얻기 위해 좀더 위험을 감수했다. 이 게임의 상대적 확률은 첫째 게임과 같았지만—영국 관광 확률이 유럽 관광의 두 배였다—확실한 100퍼센트 선택지는 포함되지 않았다. 3주일 유럽 관광의 확률은 5퍼센트, 1주일 영국 관광의 확률은 10퍼센트였다. 유럽 관광의 확률을 5퍼센트로 제시했더니 참가자 100명 중 67명이 이 선택지를 영국 관광의 확률이 높은 선택지보다 선호했다. 확률의 상대적 비율이 같은데도 참가자들은 가능성이 더 크지만(실은 확실하다) 덜 매력적인 보상에서 더 매력적이지만 가능성이 희박한 보상으로 선호를 옮겼다. 따라서 확실성 효과는 휴가 게임에서도 참가자들의 결정에 영향을 미친 듯하다. 카너먼과 트버스키는 이것을 **저울질**(weighting) 탓으로 돌렸다. 우리는 모든 확률을 대등하게 저울질하는 것이 아니라 확실한 결과에 덜 확실한 결과보다 큰 무게를 둔다. 확실성은 우리의 주의를 흩트린다.

카너먼과 트버스키가 소개한 또다른 유명한 행동 역설로 **엘스버그 역설**(Ellsberg Paradox)이 있다. 이것은 경제학자이자 군사 분석가이며 한때 랜드 코퍼레이션 소속이던 대니얼 엘스버그(Daniel Ellsberg)의 이름을 딴 역설이다. 엘스버그는 에드

워드 스노든(Edward Snowden)과 줄리언 어산지(Julian Assange)를 비롯한 현대 내부 고발자와 언론인의 초창기 역할 모델이기도 하다. 베트남 전쟁 시절 미국 정부는 논란거리가 될 만한 결정들을 내렸는데, 이 기록이 담긴 '펜타곤 문서'를 1971년 〈뉴욕 타임스〉에 제보한 사람이 바로 엘스버그다.

엘스버그의 연구는 위험이 따르는 결정에 대한 것으로, 그는 한 실험에서 참가자들에게 항아리에 공 90개를 넣으라고 주문했다. 공 30개는 빨간색이고 60개는 검은색이거나 노란색이었지만 실험 참가자들은 60개 중에서 몇 개가 검은색이고 몇 개가 노란색인지 정확한 정보를 받지 못했다. 그런 다음 엘스버그는 실험 참가자들에게 항아리에서 무작위로 뽑은 공의 색깔을 맞혀보라면 어떤 선택지를 고르겠느냐고 물었다. 이 게임들의 선택지는 표 2에 정리되어 있다.

두 선택지 집합이 기본적으로 비슷하다는 데 유의하라. 게임 1에서 선택지 1은 '빨간색'을 고르는 것이고 선택지 2는 '검은색'을 고르는 것이다. 게임 2의 선택지는 '또는 노란색'이라는 문구를 덧붙인 것말고는 게임 1의 선택지와 똑같다. 기대 효용 이론에서는 게임 1에서 선택지 1(빨간색)을 고르는 사람이 게임 2에서도 선택지 1(빨간색 또는 노란색)을 고르리라고 예측할 것이다. 빨간 공을 꺼낼 확률은 게임 1에서나 게임 2에서나 같기 때문이다. 마찬가지로 게임 1에서 선택지 2(검

	어느 쪽에 걸겠는가?	
	게임 1	게임 2
선택지 1	빨간색	빨간색 또는 노란색
선택지 2	검은색	검은색 또는 노란색

표 2. 엘스버그 역설 게임.

은색)를 고르는 사람은 게임 2에서도 선택지 2(검은색 또는 노란색)를 일관되게 고를 것이다.

이에 대한 한 가지 해석은 사람들이 '빨간색'과 '검은색 또는 노란색'의 확률을 계산하는 데 필요한 정보를 미리 받았기 때문에 이 확률을 정확히 계산할 수 있다는 것이다. 하지만 앞의 정보에 따르면 사람들은 검은 공이나 노란 공을 집을 각각의 확률에 대한 정확한 정보가 없다(그들이 아는 것은 검은 공이나 노란 공을 집을 전체 확률뿐이다). 따라서 게임 1에서 선택지 2는 모호하며 게임 2에서는 선택지 1이 모호하다. 대다수 사람들은 모호한 선택지를 회피하는데, 이것을 **모호성 회피**(ambiguity aversion)라 한다. 모호한 결과를 회피하는 것은 전혀 비합리적인 행동이 아니지만, 카너먼과 트버스키는 기대 효용 이론으로는 모호성 회피를 설명하기 쉽지 않다고 주장한다. 두 사람은 전망 이론을 발전시키면서 모호성 회피와 모순되지 않도록 하는 것을 목표로 삼았다.

일관성 없는 선택

카너먼과 트버스키는 전망 이론을 수립하면서 알레와 엘스버그의 실험에서 드러난 변칙적 행동을 설명할 수 있도록 기대 효용 이론의 대안을 제시하고자 했다. 이와 비슷한 몇 가지 효과는 두 사람의 실험에서도 찾아볼 수 있다.

과연 어떤 효과들일까? 카너먼과 트버스키는 사람들이 손실을 피하려 할 때는 위험을 더 감수하고 이익을 얻으려고 도박할 때는 위험을 덜 감수한다는 사실을 발견했다. 두 사람은 손실에 직면했을 때 위험 감수를 선호하는 현상이 이익의 맥락에서 위험 회피를 선호하는 현상의 거울상이라고 주장하면서 이 효과를 **반영 효과**(reflection effect)라고 불렀다.

카너먼과 트버스키가 반영 효과를 설명하기 위해 고안한 게임은 표 3과 같다.

두 게임에서의 보상은 비슷하다. 두 게임 다 참가자들은 위험이 따르는 선택지(선택지 1)와 결과가 확실한 선택지(선택지 2) 중에서 하나를 고른다. 유일한 차이는 게임 1에 이익이 결부된 반면에 게임 2에는 손실이 결부되었다는 것이다. 기대 효용 이론가들은 위험을 추구하는 참가자가 두 경우에 다 선택지 1을 고르고 위험을 회피하는 참가자가 두 경우에 다 선택지 2를 고르리라 예측하겠지만, 카너먼과 트버스키는 사람들의 행동이 기대 효용 이론에서 예측하는 패턴을 따르지 않음을 발견했다. 대다수 참가자(100명 중 80명)는 게임 1에서는 확실한 결과를 선택했지만 게임 2에서는 위험이 따르는 선택지를 골랐다. 참가자들은 손실을 회피하기 위해서는 위험을 기꺼이 감수했으나 이득이 기대될 때는 확실한 결과를 선

어느 쪽을 선택할 것인가?		
	게임 1	**게임 2**
선택지 1	4000달러를 딸 확률 80퍼센트와 0달러를 딸 확률 20퍼센트	4000달러를 잃을 확률 80퍼센트와 0달러를 잃을 확률 20퍼센트
선택지 2	3000달러의 확실한 보상	3000달러의 확실한 손실

표 3. 반영 효과 게임.

호했다. 카너먼과 트버스키는 이 증거를 통해 반영 효과의 존재를 입증했다. 사람들은 손실을 피하려 할 때 더 많은 위험을 기꺼이 감수한다.

카너먼과 트버스키는 사람들이 **확률 보험**(probabilistic insurance, 보험금을 보장하지 않고 확률에 따라 결정하는 보험)보다 **조건부 보험**(contingent insurance, 화재나 파손, 절도 같은 구체적 사건이 일어났을 때 보험금을 지급하는 보험)을 선호하는 이유를 이렇게 설명할 수 있다고 주장했다.

확률 보험의 계약 조건에는 계약자가 경우에 따라 비용을 모두 부담할 가능성을 받아들이면 보험료를 절반까지 깎아준다는 조항이 포함될 수 있다. 그런 다음 손실이나 피해가 일어났을 때 동전 던지기로 결과를 정한다. 하나는 계약자가 나머지 보험료를 납부하고 보험사가 손실 비용을 모두 보장하는 50퍼센트의 확률이고 다른 하나는 계약자가 손실 비용을 모두 스스로 부담하되 보험사가 기납부 보험료를 돌려주는 50퍼센트의 확률이다. 카너먼과 트버스키는 이것이 도난 경보기를 구입하는 것과 본질적으로 비슷하다고 주장한다. 사람들이 보험에 가입하는 것은 손실을 완전히 없애기 위해서가 아니라 손실 위험을 줄이기 위해서이지만, 확률 보험을 제시받으면 대다수 사람들은 거부한다. 위험 선호에 일관성이 있다면 위험을 추구하는 사람들은 확률 보험을 선호할 것이다.

카너먼과 트버스키는 **고립 효과**(isolation effect)라는 셋째 효과도 발견했다. 이것은 제시된 대안 중에서 중요한 요소를 무시하는 경향이다. 우리는 모든 관련 정보를 샅샅이 살펴보는 것이 아니라 특정한 정보 조각들을 떼어낸다. 카너먼과 트버스키는 고립 효과를 보여주기 위해 또다른 실험 게임들을 고안했다. 한 게임에서는 (표 4에서 보듯) 선택지가 순차적 확률로 제시된다.

두 게임은 참가자에게 기대되는 보상이 똑같도록 신중하게 설계되었다. 이것을 확인하려면 여러 선택지의 확률을 따져봐야 한다.

게임 1에서 참가자들이 2단계로 넘어갈 확률은 25퍼센트에 불과하므로 한 푼도 따지 못할 확률이 75퍼센트다(2단계로 넘어가지도 못할 확률이 75퍼센트이므로). 참가자들은 보상을 계산할 때 이 사실—한 푼이라도 실제로 얻게 될 단계로 넘어갈 확률은 25퍼센트에 불과하다는 사실—을 염두에 두어야 한다.

따라서 게임 1의 선택지 1에서 선택지들의 **기댓값**(expected value)은 25퍼센트(2단계로 넘어갈 확률)에 4000달러를 딸 확률 80퍼센트와 한 푼도 따지 못할 확률 20퍼센트를 곱한 것이다.

	게임 1: 순차적 게임	게임 2: 단판 게임
	1단계: 2단계로 넘어갈 확률은 25퍼센트이고 2단계로 넘어가지 않을 확률은 75퍼센트다. 2단계로 넘어가게 된다면 어떤 선택지를 고르겠는가?	선택지
선택지 1	4000달러를 딸 확률 80퍼센트와 0달러를 딸 확률 20퍼센트	4000달러를 딸 확률 20퍼센트와 0달러를 딸 확률 80퍼센트
선택지 2	3000달러의 확실한 보상	3000달러를 딸 확률 25퍼센트와 0달러를 딸 확률 75퍼센트

표 4. 고립 효과 게임.

25퍼센트×{(80퍼센트×4000달러) + (20퍼센트×0달러)} = 800달러

게임 1의 선택지 2에서는 3000달러가 보장된 2단계로 넘어갈 확률이 25퍼센트이므로 기댓값은 25퍼센트×100퍼센트×3000달러다.

25퍼센트×{100퍼센트×3000달러} = 750달러

게임 2에서 카너먼과 트버스키는 선택지의 기댓값을 게임 1과 일치시키되 1단계를 없앴다. 참가자들은 두 선택지로 직행하기에 보상을 계산하기가 더 쉽다. 하나의 선택지 집합에 대해서만 생각하면 되기 때문이다.

선택지 1:
= 20퍼센트×4000달러 = 800달러
선택지 2:
= 25퍼센트×3000달러 = 750달러

선택지의 기댓값 면에서만 보자면 두 게임은 완전히 똑같다. 두 게임 모두에서 선택지 1의 기댓값은 800달러이고 선택

지 2의 기댓값은 750달러다. 따라서 우리는 몇 가지를 비교할 수 있다. 기대 효용 이론이 옳다면 게임 1에서 선택지 2를 고르는 사람은 게임 2에서도 선택지 2를 골라야 한다. 하지만 카너먼과 트버스키는 대다수 참가자(100명 중 78명)가 게임 1에서 선택지 2를 골랐지만 대다수(100명 중 65명)가 게임 2에서는 선택지 1을 골랐음을 발견했다. 카너먼과 트버스키는 사람들이 게임 1에서 1단계를 잊어버렸을 수 있다고 주장한다. 애초에 2단계로 넘어갈 확률이 25퍼센트밖에 안 된다는 사실을 망각했다는 것이다. 카너먼과 트버스키가 내린 해석은 사람들이 게임 1의 기댓값을 계산할 때 2단계에 도달할 확률 25퍼센트를 감안하지 않는다는 것이다. 사람들은 게임 1의 2단계에만 선택적으로 집중함으로써 자신들에게 제시된 선택지들을 고립시킨다.

전망 이론 세우기

카너먼과 트버스키는 어떤 의사 결정 이론이든 앞에서 설명한 세 가지 효과—확실성 효과, 반영 효과, 고립 효과—를 설명할 수 있어야 한다고 주장했다. 두 사람이 기대 효용 이론을 비판한 근거는 이 효과들을 기대 효용으로 설명할 수 없다는 것이었다. 그래서 두 사람은 이 효과들을 설명할 수 있는 이론인 **전망 이론**(prospect theory)을 수립하기로 했다. 전망 이론은 기대 효용 이론보다 현실 설명력이 훨씬 크다는 것이 두 사람의 주장이다.

전망 이론의 바탕은 우리가 선택지들을 판단할 때 저마다 다른 방식을 동원한다는 것이다. 이 방식들은 기대 효용 이론에서 채택한 표준 경제학의 접근법에 들어맞지 않는다. 첫째 통찰은 우리가 선택하고 결정할 때 행하는 상대적 비교에 대한 것이다. 우리는 새 휴대폰을 사기로 결정할 때 특정 휴대폰과 그 밖의 새로운 조건들에 대한 모든 정보를 고려하지 않는다. 제시된 휴대폰 선택지들을 현재의 조건과 비교하여 새로운 조건이 더 나은지 여부를 판단한다. 우리는 선택을 할 때 백지에서 시작하는 것이 아니다. 선택지들을 시작점 ─ **기준점** (reference point) ─ 과 비교한다. 이것의 함의 중 하나는 우리의 결정에 영향을 미치는 것이 가용한 모든 정보가 아니라 기준점에 상대적인 **변화**라는 것이다.

기준점 개념은 4장에서 설명한 닻 내림 및 조정 어림짐작에 대한 카너먼과 트버스키의 앞선 통찰들을 발전시킨 것이다. 우리는 기준점을 중심으로 선택의 위치를 정하고 그에 따라 선택을 조정한다. 4장에서 보았듯, 기준점은 현재 상태일 때가 많다. 카너먼과 트버스키는 이를 항상성(homeostasis)이라는 생리학 개념과 연관짓는다. 항상성은 어떻게 해서 ─ 생리적으로—우리에게 설정값이 존재하고 그 설정값에 따라 신체 반응이 결정되는지를 설명하는 개념이다. 시작점이 어디인가에 따라 같은 사건이라도 서로 다른 생리적 영향을 일으킬 수 있다. 이를테면 더울 때 찬바람을 쐬면 상쾌하지만 추울 때 찬바람을 쐬면 불쾌하다. 기준점을 중심으로 한 선택들은 끈기가 있어서 잘 변하지 않는다. 우리는 일상적 행동에서 타성을 나타낼 때가 많다. 이것은 변화에 드는 노력이 너무 크고 우리가 게으르고 일을 미루기 때문일지도 모른다. 우리가 변화에 저항하는 이유는 복잡한 사회경제적·심리적 이유들로 설명될지도 모르겠다.

전망 이론의 둘째 핵심 특징은 이 장 첫머리에서 다룬 반영 효과에 대한 카너먼과 트버스키의 통찰에서 발전했다. 이것은 손실 회피 개념으로 이어지는데, 우리는 이득보다 손실에 훨씬 신경을 쓴다. 많은 행동경제학자에 따르면 손실 회피와 현상 유지 편향은 **소유 효과**(endowment effect)로 나타난다. 우리는 자신에게 없어서 살 수 있는 것보다는 자신이 가지고 있어서 잃을지도 모르는 것에 훨씬 신경을 쓴다. 대니얼 카너먼, 잭 네치(Jack Knetsch), 리처드 세일러는 학생들을 대상으로 한 실험에서 소유 효과를 밝혀냈다. 학생들은 '구매자'와 '판매자'가 포함된 집단에 무작위로 배정되었다. 판매자는 컵을 받았는데 이것을 팔 수 있었으며 구매자는 컵을 살 수 있는 기회를 부여받았다. 판매자는 컵을 얼마에 팔 의향이 있느냐는 질문을 받았고 구매자는 컵을 얼마에 살 의향이 있느냐는 질문을 받았다. 그런데 판매자가 바라는 가격과 구매자가 바라는 가격 사이에는 큰 차이가 있었다. 판매자가 기꺼이 받아들이려는 가격의 중간값은 7.12달러인 반면에 구매자가 기꺼이 지불하려는 가격의 중간값은 3.12달러였다.

이 증거만 놓고 보면 소유 효과가 확실히 작용하고 있다고 주장하기 힘들 수도 있다. 이익을 극대화하려는 판매자가 요행을 바라고서 처음에 지나치게 높은 가격을 제시하리라 예상할 수 있기 때문이다. 흥정 과정에서 판매자가 수령 의사(willingness to accept)를 낮추고 구매자가 지불 의사(willingness to pay)를 높이다보면 언젠가 평형에 도달할 것이다. 하지만 지불 의사와 수령 의사의 불일치에 대한 증거는 다른 선택들에서도 찾아볼 수 있다.

킵 비스쿠시(Kip Viscusi) 연구진은 더 넓은 맥락에서 비슷한 불일치를 밝혀내기 위해 화학 물질 중독에 대한 사람들의 태도를 실험했다. 소비자에게 농약과 변기 세정제를 보여주면서 중독 위험이 작아진 안전한 제품에 얼마를 지불할 의향이 있는지 물었다. 그런 다음 가격이 얼마나 낮아지면 중독 위험이 커진 제품을 받아들이겠느냐고 물었다. 대다수 경제학자들은 이 질문에 대한 소비자 반응이 대칭적이라고 예상할

113

것이다. 소비자가 더 안전한 제품에 지불할 의향이 있는 가격은 비교적 안전하지 않은 제품의 낮은 가격에서 기대할 수 있는 보상과 양적으로 비슷하기 때문이다. 하지만 비스쿠시 연구진의 실험 결과는 이 결론을 뒷받침하지 않았다. 위험 감소에 대한 사람들의 반응은 경제학 이론에서 예측하는 표준적 패턴을 나타냈다. 즉, 위험 감소 수준이 높아짐에 따라 지불 의사는 점점 줄었다. 이에 반해 보상을 대가로 한 중독 위험의 증가는 '결코' 받아들이려 하지 않았다.

그림 3에서 보듯, 카너먼과 트버스키는 자신들의 통찰을 종합한 **전망 이론 가치 함수**(prospect theory value function)로 우리의 주관적 가치 인식을 표현한다.

이 장에서 소개한 현상의 상당수는 전망 이론 가치 함수의 형태를 띤다. 함수의 중심은 기준점이다(기준점이 반드시 0인 것은 아니다). 가치 함수는 'S' 모양인데, 기준점 위아래로 대칭을 이루지 않는다. 이는 손실이 가치에 미치는 영향이 이득보다 크다는 뜻이다. 그림 3을 더 자세히 들여다보면 손실이 가치 평가에 미치는 영향이 압도적임을 알 수 있다. 검은색 양방향 화살표는 손실을 나타내며 회색 양방향 화살표는 손실과 같은 양의 이득을 나타낸다. 화살표에서 가치 함수로 그은 수직 점선은 손실과 이득이 가치에 미치는 영향을 나타내는데, 검은색 점선이 회색 점선보다 훨씬 길다. 일정한 양의 손실이

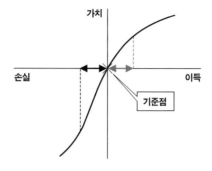

3. 전망 이론 가치 함수.

우리가 인식하는 가치를 손상시키는 정도는 같은 양의 이득이 우리가 인식하는 가치를 증가시키는 정도보다 훨씬 크다. 손실 회피는 이런 식으로 가치 함수에 반영되며 사람들이 어떻게 같은 양의 이득보다 손실에 훨씬 전전긍긍하는지를 보여준다. 100파운드를 얻는 기쁨보다는 100파운드를 잃는 속 상함이 훨씬 크다.

후회 이론

전망 이론(또는 그 변종)이 행동경제학에서 매우 큰 영향력을 발휘하긴 했지만, 행동경제학자들이 활용하는 이론은 전망 이론말고도 많다. 그중 하나가 리처드 세일러의 심리적 회계 모형과 후회 이론이다. 심리적 회계의 토대는 전망 이론에서 생겨난 규정(framing) 및 맥락 개념이지만 미래에 대한 계획과도 관계가 있다(심리적 회계 모형은 6장에서 자세히 살펴볼 것이다).

그레이엄 룸스(Graham Loomes)와 로버트 서전(Robert Sugden)은 전망 이론의 대안으로 후회 이론을 발전시켰다. 두 사람은 기대 효용 이론과 연관된 행동 역설과 비일관성을 해결하는 데 전망 이론보다 후회 이론이 더 간단하고 직관적이라고 주장한다.

후회 이론의 본질은 무엇일까? 후회 이론에서는 세계의 상태가 여럿 있을 수 있는데, 내일 무슨 일이 일어날지 예측할 수 없기에 우리는 그 상태를 알 수 없다. 오늘 우리의 선택과 미지의 미래 사이에 일어나는 상호 작용이 어우러져 우리의 선택이 결국 얼마나 많은 쾌감을 줄 것인지 여부를 결정한다. 우리는 어떤 결정에 대해서는 후회하고 또 어떤 결정에 대해서는 '만족'한다. 하지만 우리가 후회하느냐 만족하느냐를 결정하는 것은 미래의 세계 상태이고, 이것은 전혀 우리의 소관이 아닐 수 있다. 이것이 후회 이론을 전망 이론과 구별하는 핵심적 특징이다. 전망 이론에서는 세계의 가능 상태를 하나만 가정하는 반면에 후회 이론에서는 두 가지(또는 그 이상) 상태를 허용하며, 자신의 행복에 대한 평가는 마지막에 어떤 세계 상태가 나타나느냐에, 또한 미래의 후회에 대한 예상에 달렸다.

이를테면 출근할 때 우산을 가져갈지 말지 고민한다고 상상해보자. 오늘 날씨가 어떨지에 대한 정보는 전혀 없다(여러분이 영국에 산다고 가정한다면). 우산을 가져가면 좀 번거롭다. 가방에 쏙 들어가지 않을 수도 있고 여러분이 물건을 잘 잃어버리는 사람이라면 우산이 그중 하나일 수도 있다. 하지만 비가 오면 그렇게 수고한 보람이 있을 것이다. 따라서 행복/만족은 결코 여러분의 소관이 아닌 것—영국의 날씨—에 따라 결정된다. 비가 오면 여러분은 우산을 챙긴 선견지명에 뿌듯해할 것이고 날이 화창하면 우산 챙기느라 고생한 것이 후회될 것이다. 우산을 잃어버렸다면 더더욱 후회될 테고. 행복을 결정하는 것은 우리의 지각, 선호, 선택만이 아니다. 행복은 과거의 선택을 회고적으로 어떻게 판단하느냐에도 달렸으며 그 바탕은 우리가 선택을 내린 '뒤'에 펼쳐지는 세계 상태다. 그때는 마음을 바꾸기엔 이미 늦었다. 우리에게는 이러한 세계의 상태에 대한 통제권이 전혀 없지만, 그럼에도 우리의 행복은 여기에 좌우된다.

경제학자들은 더 심각한 사례들도 연구했는데, 그중 하나가 핵발전소 위치 선정이다. (2011년 일본에서 그랬듯) 지진과 쓰나미가 (예상치 못하게) 일어나는 지역에 핵발전소가 건설되면 발전소를 계획한 사람들은 자신의 선택을 후회한다. 하지만 지진이 한 번도 일어나지 않으면 발전소 위치를 현명하게 선택한 것에 뿌듯해한다. 결과는 우리의 선택뿐 아니라 우리를 둘러싼 세상에서 벌어지는 사건들에 의해서도 결정된다.

이 장과 4장에서는 어림짐작, 편향, 행동 역설, 그리고 이를 설명하기 위해 수립된 행동 이론들에 주목했으며, 지금까지는 위험이 따르는 상황에서 우리의 결정과 선택에 결부되는 편향에 중점을 뒀다. 하지만 행동경제학자들은 시간을 두고 선택할 때 일어나는 편향에 대해서도 많은 연구를 했다. 시간

과 위험이 상호 작용한다는 것은 당연한 일이지만, 입문서인
이 책에서는 주제를 간략하게 다룰 수밖에 없으므로 6장에서
는 시간이 지남에 따라 나타나는 편향에 대해서만 초점을 맞
출 것이다.

제 6 장

시간

4장과 5장에서는 위험이 따르는 선택을 주로 살펴보았다. 우리의 결정에서 또다른 중요한 측면은 시간을 대하는 태도다. 우리는 끈기가 있는가, 성급한가, 아니면 그때그때 다른가? 일상생활에서 내리는 결정 중 상당수는 시간이 지남에 따라 전개되며, 오늘 원하는 것이 내일 원할 것과 늘 일치하는 것은 아니다. 실제로 사람들은 시간을 어떻게 다룰까? 미래에 중요한 결과를 낳는 현재의 결정에 대해서는 어떤 태도를 취할까? 우리는 미래의 연금을 위해 저축하는 일에 늘 능숙하지는 못하다. 냉난방비를 아끼는 일에도 서투르다. 조금 심하게 춥거나 덥다고 느껴질 때 미래의 냉난방비 고지서를 염려하지 않고서 난방기나 에어컨을 세게 틀고 싶어한다. 건강을 유지하는 면에서도 우리는 미래를 계획하는 일에 항상 신중하지는 못하다. 건강에 안 좋은 습관과 생활양식을 오늘 고집하면서 미래의 건강 문제를 쌓아가는 일이 비일비재하다.

표준 경제학 이론은 사람마다 **시간 선호**(time preference), 즉 인내심의 정도가 다르다고 가정한다. 대다수 경제학자들이 보기에 사람들의 시간 선호는 개인마다 다를 수는 있지만 개인 '안에서'는 일정해야 한다. 표준 경제학에서는 어떤 사람이 오늘 무언가를 얻고 싶어서 안달이 났고 내일까지 기다릴 수 없다면 미래의 같은 기간(하루)에 대해서도 같은 조바심을 나타낼 것이라고 주장한다. 이것이 **시간 일관성**(time consistency)이다. 이에 따르면 인내심의 수준은 시간이 지나도 변하지 않고 일정하다. 이를테면 내가 초코케이크를 오늘 받을지 내일 받을지 선택할 수 있을 때 오늘 받기를 선택한다면, 내게 시간 일관성이 있을 경우 이 선택지를 1년 뒤로 미뤄도 나의 선호는 달라지지 않아야 한다. 나는 여전히 초코케이크를 1년 하루 뒤보다 1년 뒤에 받고 싶어해야 한다. 가까운 미래에 대해 결정하든 먼 미래에 결정하든 나의 선택은 바뀌지 않는다.

표준적 접근법은 사람마다 달리 선택할 가능성도 배제하지 않는다. 이를테면 어떤 사람은 케이크를 나중보다 당장 받기로 결정하고 다른 사람은 당장보다 나중에 받기로 결정할 수 있다. (다시 말하지만) 그렇다고 해서 이것이 반드시 일관되지 못한 것은 아니다. 단시간에 소비하고 지출하기로 결정하는 것은 엄밀한 의미에서 합리적이고 일관적일 수 있다. 당면한 금전적 문제가 있거나 기대 수명이 짧다면 더더욱 그렇다. 대다수 경제학자들이 보기에, 나중의 큰 보상보다 당장의 작은 보상을 일관되게 선호하는 사람은 여전히 엄밀하게 말해서 합리적이다.

경제학자 존 워런(John Warren)과 솔 플리터(Saul Pleeter)는 군 장병의 퇴직금 선택에 대한 연구에서 유의미한 개인 간 차이를 발견했다. 군 장병은 두 가지 선택지를 제시받았는데, 하나는 거액의 퇴직금을 한번에 받는 것이고 다른 하나는 소액('연금')을 평생에 걸쳐 받는 것이었다. 워런과 플리터는 장교의 51퍼센트가 일시금을 선택한 반면에 사병은 훨씬 많은 92퍼센트가 일시금을 선택했다는 사실을 발견했다. 데이터를 분석했더니 집단 간에는 유의미한 편차가 있었다. 백인, 여성, 대학 졸업자는 연금을 선택할 가능성이 컸다. 이 증거는 사람마다 차이가 있음을 보여주는데, 이것이 그 자체로 시간 비일관성의 신호는 아니다. 표준 경제학 이론에서도 사람마다 인내심 수준이 다를 수 있음을 배제하지 않기 때문이다. 그렇다면 행동경제학에서는 무엇을 보탤 수 있을까?

시간 비일관성이란 무엇인가?

행동경제학은 심리학에서 얻은 증거를 토대로 표준 경제학적 접근법에서 가정하는 시간 선호의 일관성이 사람(또는 그밖의 동물)에게 적용되지 않는다고 주장한다. 우리는 단기적으로는 인내심이 '불비례적으로(disproportionately)' 약하지만(초코케이크를 오늘 먹고 싶어한다) 미래를 계획할 때는 더 인내심을 발휘한다(초코케이크를 먹기 위해 1년하고도 하루를 더 기다릴 수 있다). 이것이 **시간 비일관성**(time inconsistency)이다. 즉, 지연된 결과에 대한 선호는 시간이 지남에 따라 달라진다. 우리의 시간 선호는 일정하지 않다. 우리는 **현재 편향**(present bias)을 겪는데ㅡ나중의 큰 보상보다 당장의 작은 보상을 불비례적으로 선호한다ㅡ이것은 내재된 시간 비일관성이 드러난 것이다. 인내력은 시간이 지남에 따라 달라진다. 우리는 어떤 상황에서는 인내심을 발휘하지만 다른 상황에서는 그러지 못한다. 이를테면 10파운드가 있는데 오늘 쓸지 다음주까지 저금할지 선택해야 하는 상황이라면 우리는 오늘 써버릴 가능성이 크다. 하지만 더 먼 미래의 결정에 대해 생각할 때는 좀더 인내심을 발휘한다. 10파운드를 1년 뒤에 쓸지 1년 1주일 뒤에 쓸지 고민할 때는 선택이 달라져 1주간 저금하기로 계획한다. 오늘의 조바심 때문에 1년 뒤나 10년 뒤 또는 은퇴 시점에 지출하거나 저축할 돈이 하나도 남지 않으면 문제가 생길 테니 말이다.

동물 모형

시간 비일관성의 초기 증거 중에는 우리의 행동과 동물들의 행동을 비교하는 **동물 모형**(animal model)에서 얻은 것도 있다. 정신의학자이자 심리학자 조지 에인슬리(George Ainslie)는 비둘기의 충동 통제를 연구하다가 시간 비일관성을 관찰했다. 비둘기들은 새장에 들어 있었는데, 빨간불이나 초록불이 켜진 막대를 쪼면 먹이를 얻을 수 있었다. 빨간불이 켜져 있을 때 막대를 쪼면 먹이 보상이 작지만 일찍 나온 반면에 초록불이 켜져 있을 때는 보상이 크지만 좀 있다 나왔다. 비둘기들은 초록 막대를 누를 때와 빨간 막대를 누를 때 보상이 다르다는 것을 금방 알아차렸으나 충동적 성향을 나타냈다. 빨간불이 켜져 있을 때 막대를 쪼아서 먹이를 더 빨리 얻는 쪽을 선호했다. 하지만 다른 동물 행동들에서는 더 건설적이고 장기간의 계획적 행동이 확인되었다. 심리학자 멀케이(N. J. Mulcahy)와 콜(J. Call)은 보노보와 오랑우탄이 연장을 골라 나중에 쓰려고 보관하는 것을 관찰하고서 이 동물들이 미래의 행동을 계획한다고 주장했다. 덤불어치(scrub jay)를 비롯한 동물들도 먹이를 모아 저장한다.

우리가 먼 미래를 계획할 때 더 인내심을 발휘하는 이유는 무엇일까? 스콧 릭(Scott Rick)과 조지 로웬스타인(George Loewenstein)은 이것을 편익 대 비용의 상대적 실질성(tangibility)의 관점에서 설명한다. 오늘의 유혹은 거부하기 힘들다. 유혹을 거부하는 데는 실질적인 단기적 비용이 들며, 이 때문에 우리는 미래의 목표를 달성하지 못한다. 다이어트, 운동, 금연 등 예는 수없이 많다. 초콜릿을 먹거나 담배를 피우는 것 같은 즉각적인 실질적 쾌락을 포기해야 할 수도 있고 헬스장에 가서 운동할 때처럼 당장 번거로움을 겪어야 할 수도 있다. 미래의 목표는 멀고 덜 실질적으로 보일 수 있기에 오늘 자제력을 발휘하기가 힘들다. 즉각적 유혹을 억누르지 못하면 비만, 약물·도박 중독 같은 심각한 문제로 이어질 수 있는데, 이 모든 것은 개인, 가족, 공중 보건 체계에 심각한 영향을 미친다.

심리학자 월터 미셸(Walter Mischel) 연구진이 수행한 유명한 **마시멜로 실험**(marshmallow experiment)은 아이들의 선택을 통해 이 현상을 보여준다. 월터 미셸 연구진은 아이들에게 (마시멜로를 비롯한) 과자를 주었다. 당장 하나를 집으려는 유혹을 이기면 나중에 보상으로 하나 더 받을 수 있었다. 아이들은 딴데로 주의를 돌리면 더 오래 기다릴 수 있었으며, 나름의 방법을 통해 유혹으로부터 주의를 돌렸다. 이것은 아이들의 장래 생활 기회(life chances)와도 관계가 있었다. 유혹을 잘 참아낸 아이들은 십 대에 뛰어난 감정적·인지적 기능을 발휘했으며 성인이 되었을 때 사회적·학문적으로 더 유능했다. 마시멜로 실험에서 영감을 받은 할리우드 각본가들은 허구의 사례를 창조했다. 영화 〈5년째 약혼중The Five Year Engagement〉에서 심리학자 바이올렛(에밀리 블런트 분)은 부주방장인 애인 톰(제이슨 시걸 분)이 갓 구운 도넛을 기다리지 못하고 눅눅해진 도넛의 유혹에 넘어가는 것을 보고 그가 무책임하다고 판단한다. (영화 후반부에서 톰은 바이올렛이 자신을 이런 식으로 판단한 것을 알고는 눅눅해진 도넛을 먹는 데는 온갖 이유가 있을 수 있다며 자신의 행동을 변호한다.)

시간 간 실랑이

마시멜로 실험을 비롯한 유사 연구들에서 드러난 증거는 우리의 유혹이 내적 갈등을 일으킴을 시사한다. 자기 내면에서 투쟁이 벌어지는 셈이다. 진득한 자아와 성급한 자아의 두 인격이 있어서 이 두 자아가 갈등한다는 것이다. 경제학자 로버트 스트로츠(Robert Strotz)는 에인슬리의 증거를 바탕으로 이를 개인 내 갈등(intrapersonal conflict) 개념과 연결하여 시간 비일관성에 대한 초창기의 경제적 통찰을 발전시켰다. 그는 우리 내면에서 진득한 자아와 성급한 자아 사이에 **시간 간 실**

랑이(intertemporal tussle)가 벌어진다고 주장했다. 스트로츠는 사유를 매우 엄밀하게 전개했지만, 그의 발상에는 직관적 힘도 많이 담겨 있다. 누구나 한 가지씩 미루는 것이 있다. 많은 사람들은 헬스장에 가는 일을 미룬다. 진득한 자아는 미래에 운동 부족이 건강에 영향을 미칠까봐 걱정한다. 하지만 성급한 자아는 지금 편안하게 사는 것을 좋아하고 소파에 앉아 초콜릿칩을 먹는 것을 선호한다. 이로 인한 순(純)효과는 어느 자아가 지배적인지에 달렸다.

즉각적 보상 대 지연된 보상의 신경경제학적 분석

신경과학적 수단을 활용하면 우리가 지연된 보상과 즉각적 보상 중 하나를 선택해야 하는 상황에서 어떤 신경 반응을 보이는지 알 수 있다. 샘 매클루어(Sam McClure) 연구진은 기능적 자기공명영상(functional magnetic resonance imaging, fMRI)을 이용했는데, 이것은 산소 농도가 높은 혈류가 뇌와 기저 신경 영역을 통과하는 흐름을 추적하는 기법이다. 연구진은 이솝 우화의 개미와 베짱이 이야기에서 영감을 받아 다중 자아 모형을 발전시켰다. 진득한 개미는 여름에 열심히 일하며 식량을 모은다. 성급한 베짱이는 여름내 노래를 부르며 즐긴다. 결국 누가 이길지는 뻔하다. 겨울이 오자 베짱이는 굶주려 죽을 지경이 되어 개미에게 식량을 구걸하지만 개미는 베짱이에게 꺼지라고, 여름내 그랬던 것처럼 노래나 부르라고 퇴짜를 놓는다.

우리가 즉각적 보상과 지연된 보상을 놓고 결정을 내릴 때 우리의 개미 자아와 베짱이 자아 사이에서도 시간 간 실랑이 비슷한 것이 벌어질까? 이를 알아내기 위해 매클루어 연구진은 실험 참가자들에게 즉각적 보상과 지연된 보상의 가치를 평가하도록 하고서 그동안 뇌를 스캔했다. 그러자 보상 시점에 따라 신경 활성화가 다르게 나타났다. 고차원 인지 기능을 담당하는 신경 영역은 지연된 보상에서 더 강하게 활성화된 반면에 더 원시적이고 충동적인 본능에 관여하는 신경 영역은 즉각적 보상에서 더 강하게 활성화된 것이다. 연구진은 우리가 즉각적인 작은 보상과 지연된 큰 보상 중 하나를 선택해야 할 때 서로 다른 신경 과정들이 상호 작용하며 이는 여러 자아―진득한 계획가와 성급한 근시안자―사이에 벌어지는 개인 내 갈등이 반영된 것일지도 모른다고 결론 내렸다.

하지만 신경경제학적 증거가 한결같지는 않았다. 폴 글림처(Paul Glimcher) 연구진은 매클루어 연구진의 주장 중 몇 가지에 대한 검증을 시도했다. 글림처 연구진은 실험을 조정하여 '모든' 선택이 지연되도록 했다. 최초의 보상은 엿새 뒤에야 받을 수 있었다. 그랬더니 매클루어의 즉각적 보상 연구에서와 같은 패턴이 관찰되었다. 글립처 연구진은 이 증거를 토대로 시간 비일관성이 충동의 반영이 아니며 여러 자아들 사이의 시간 간 실랑이에서 비롯되지 않았다고 결론 내렸다. 이것은 평범한 유혹에 불과하며 일관된 믿음과 목표를 가진 하나의 자아라는 관점에서 설명할 수 있다는 것이다.

사전 속박 전략과 자제력

이 자제력 문제를 해결할 방법은 무엇일까? 이것은 부분적으로 우리의 자각에 달렸다. 테드 오도너휴(Ted O'Donoghue)와 매슈 래빈(Matthew Rabin)은 사람마다 스스로를 통찰하는 정도가 다르며 스스로를 많이 통찰하는 사람은 크게 두 가지 유형 — 어설픈 의사 결정자(naf)와 노련한 의사 결정자(sophisticate) — 으로 나뉜다고 주장한다. 이 두 가지 유형은 시간 비일관성에 서로 다르게 대응한다. 둘 다 현재 편향을 겪긴 하지만, 노련한 의사 결정자는 자신의 자제력에 한계가 있음을 자각하여 더 건설적인 방향으로 스스로를 이끌어갈 전략을 펼친다.

오도너휴와 래빈은 학생들이 영화 관람일을 선택하는 사례로 이를 설명한다. 학생들은 토요일 밤에 영화 보러 가고 싶어 하지만 한 달 안에 끝내야 하는 중요한 보고서가 있어서 다음

131

네 번의 주말 중에서 한 번은 공부를 해야 한다. 그들이 선택해야 할 것은 어느 토요일에 영화 보러 가는 대신 공부할 것인가다. 오도너휴와 래빈은 다음 네 번의 주말에 상영되는 영화가 모두 똑같지는 않도록 실험을 구성했다. 첫째 주말의 영화는 그저 그렇고 둘째 주말의 영화는 그럭저럭 괜찮고 셋째 주말의 영화는 훌륭하고 넷째 주말의 영화는 최고―명배우 조니 뎁의 출연작―다. 최적의 선택은 첫째 주에 보고서를 끝내고 나머지 주말에 좋은 영화들을―물론 넷째 주말의 근사한 작품을 비롯하여―보는 것이다.

문제는 학생들에게 이 일에 필요한 자제력이 없을 수도 있다는 것이지만, 노련한 의사 결정자는 상충 관계를 더 효과적으로 다스릴 수 있다. 반면에 어설픈 의사 결정자는 미래 자제력 문제를 턱없이 과소평가하여 마지막 토요일까지 과제를 미룰 것이고 이 때문에 최고의 영화인 조니 뎁 출연작을 놓칠 것이다. 노련한 의사 결정자도 자제력 문제를 겪고 약간 게으름을 피우긴 하지만―첫째 주에 그저 그런 영화를 보러 갈지도 모른다―그들에게는 너무 게으름을 피우면 최고의 영화를 놓칠지도 모른다는 것을 인식할 만한 통찰력도 있다. 그래서 둘째 주에 보고서를 끝내기로 계획을 세운다. 더 뒤로 미루면 조니 뎁 영화를 놓칠 우려가 있음을 알기 때문이다. 이것은 행동경제학자들이 말하는 **사전 속박 전략**(pre-commitment strategy)이다. 노련한 의사 결정자는 장기적 목표를 달성하기 위해 미래 선택지에 제약을 둔다.

건설적 방향에서 벗어나지 않기 위해 자신을 구속하는 것은 고전 문학에도 묘사된 유서 깊은 현상이다. 호메로스의 『오디세이아』에서 오디세우스는 항해중에 세이렌을 지나치게 된다. 세이렌은 노래로 뱃사람을 현혹하여 파멸시키는 신화적 존재다. 오디세우스는 자신을 돛대에 묶게 했으며, 나머지 뱃사람들은 귀에 밀랍을 바른 채 항해한다. 그 덕에 오디세우스는 홀로 세이렌의 달콤한 노래를 들으면서도 배를 침몰시키지 않는다. 그림 4는 워터하우스(J. W. Waterhouse)가 이 고전 이야기를 묘사한 명작 〈오디세우스와 세이렌Ulysses and the Sirens〉이다. 이 그림에서 오디세우스의 미래 지향적 자아는 성급한 근시안적 자아를 속박하여 생존을 도모한다.

새뮤얼 테일러 쿨리지(Samuel Taylor Coleridge)는 또다른 사례다. 그는 아편 중독의 파멸적 결과를 절실히 깨닫고서 하인을 고용하여 자신이 아편굴에 얼씬하지 못하게 막도록 했다. 이는 마약에 탐닉하고 싶은 즉각적 욕망을 억제하려는 미래 지향적 시도였다.

자연 실험에서도 자기속박(self-commitment) 행동을 확인할 수 있다. 1장에서 설명했듯, 자연 실험은 여느 실험과 달리 인위적이고 가설적인 선택이 아니라 실제 선택과 행동을 연

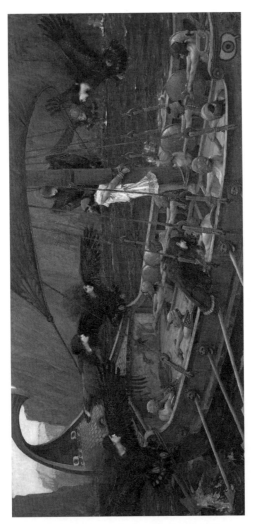

4. 세이렌의 유혹에 저항하려고 스스로 결박당한 오디세우스.

구한다. 델라비냐와 말멘디어는 헬스장 가입의 실제 데이터를 조사했는데, 헬스장 출석 기록에 따르면 사람들은 수천 달러를 내고 연간 회원에 가입하고서도 몇 번밖에 다니지 않았다. 헬스장에서 제공하는 저렴한 일일권을 이용하면 돈을 훨씬 아낄 수 있는데도 말이다. 언뜻 생각하기에는, 어리석은 사람만이 거의 쓰지도 않을 헬스장 회원권에 거액을 지불할 것 같지만 우리 중 상당수는 이런 행동 유형을 보인다. 게다가 어쩌면 이것은 그다지 어리석은 행동이 아닐 수도 있다. 몇몇 행동경제학자들은 이를 사전 속박 전략의 일종으로 해석한다. 헬스장 회원권에 거액을 지출함으로써 성급한 자아가 단기적으로 더 책임감을 발휘하도록 강제하는 것이다. 우리의 진득한 자아는 자신이 돈을 많이 썼으면 근시안적 자아조차도 이를 허비하고 싶어하지는 않으리라 추론한다.

현대 기업들이 제공하는 서비스들은 사람들의 자제력이 완벽하지 않다는 통찰을 중심으로 설계되었다. 단기적 보상의 유혹에 저항하기란 힘든 일이기에 많은 사람들은 유혹에서 벗어날 방법에 기꺼이 지갑을 연다. 다이어트 시장과 금연 보조제—가장 최근에는 전자 담배—업계에서 수많은 사례를 찾아볼 수 있다. 아침 일찍 일어나는 게 힘든 사람은 도망 다니는 자명종 시계를 구입하면 된다. 오리지널 제품인 클로키(Clocky)는 방을 돌아다니기 때문에 자명종을 끄려면 쫓아다

녀야 한다. 그때쯤이면 잠이 다 달아났을 것이다.

비마인더(Bee-minder)와 스틱(Stikk)을 비롯하여 사전 속박 서비스를 제공하는 온라인 서비스도 성장하고 있다. 스틱은 부족한 자제력의 문제를 해결하기 위해 금전적 유인을 제공한다. 이용자들이 온라인에서 목표를 정하면 이를 바탕으로 **다짐 계약**(commitment contract)이 체결된다. 이용자가 다짐을 이루지 못하면 벌금을 내야 하는데, 이 돈은 이용자가 선택한 단체에 기부된다. 가장 기부하고 싶지 않은 단체를 기부 단체로 정하는 방법도 있는데, 그러면 목표 달성에 실패할 경우 민주당 지지자가 공화당에 기부하는 사태가 벌어지기도 한다. 스틱은 참가자의 정직성에 의존하지 않지만 부정직은 그 자체로 근시안적 전략일 때가 많다. 이용자의 정직성을 확인하기가 불가능하리만치 힘들고 비용이 많이 드는 상황에서 어떻게 하면 치밀한 계약을 맺을 수 있을까?

비마인더는 비슷한 서비스를 제공하지만 기본 비즈니스 모델이 다르다. 비마인더는 '유연한 자기통제'를 위해 '도발적' 목표 추적 방식을 제공한다. 스틱과 마찬가지로 고객은 목표를 세우고 이를 바탕으로 비마인더와 다짐 계약을 맺는다. 목표 달성에 실패하면 비마인더에 일정 금액을 납부해야 한다. 이 서비스는 엄청난 효과를 발휘할 수 있다. 첨단 기술을 활용하여 스틱에서의 부정직 문제를 해소한다면 더더욱 그렇다.

정말로 의욕적인 비마인더 고객은 핏빗(FitBit)이나 아이워치(iWatch) 같은 개인용 건강 모니터링 장비를 사용하여 운동 목표가 자동으로 추적되도록 할 수 있다. 기술이 감시자의 역할을 하는 것이다.

행동경제학적 생애 주기 모형

우리가 저축을 열심히 하지 못하거나 연금만으로 노후를 보장하기에 충분하지 않으면 이것은 정부의 예산과 부채에도 영향을 미칠 수 있다. 이런 패턴을 탐구하는 **행동경제학적 생애 주기 모형**(behavioural life cycle model)은 우리가 신용 카드 고지서를 관리할 때보다 **황금알** — 대다수 사람들이 연금과 주택의 형태로 보유한 비유동 자산—을 관리할 때 불비례적으로 능숙하다는 데이비드 레입슨(David Laibson)의 통찰을 발전시킨 것이다.

행동경제학적 생애 주기 모형은 시간 비일관성에 대한 행동경제학적 통찰에 시간 일관성을 가정하는 표준 생애 주기 모형을 결합한 것으로, 우리의 저축, 투자, 지출 패턴이 일생에 걸쳐 어떻게 진화하는지 연구한다. 조지-마리오스 앙겔레토스(George-Marios Angeletos) 연구진은 이 모형을 활용하여 사람들이 신용 카드 채무를 많이 지고 있으면서도 주택이나 연금의 형태로 다량의 비유동 자산을 보유하는 이유를 설명한다.

한 가지 요인은 거래 비용이다. 신용 카드 채무를 갚으려고 집을 파는 것은 복잡하고 비용이 많이 드는 과정이다. 사람들은 신용 카드를 예상 밖의 지출에 대한 완충 장치로 보유하지만, 앙겔레토스 연구진이 보기에 이것만으로는 충분히 설명이 되지 않는다. 그들은 오늘날 사람들의 평균적 경험에 맞는 몇 가지 가정 ─ 이를테면 어떤 사람의 최대 수명이 90세이고, 평균 43년간 일하며, 독립하여 결혼하고 가정을 꾸리고 은퇴하기까지 일생에 걸쳐 가계 규모가 달라진다 ─ 을 함으로써 지출과 저축의 패턴을 모방한다. 그런 다음 이자율과 취업률 같은 핵심 변수에 대한 실제 데이터를 활용하여 자신들의 시뮬레이션을 지출 및 저축 패턴에 대한 실제 데이터와 비교한다. 이들의 발견은 시간 비일관성에 대한 행동경제학 이론에 부합한다. 시간 비일관성을 가정한 모방 패턴은 시간 일관성에 대한 표준 경제학적 가정을 포함한 모형의 모방 패턴에 비해 실제 거시경제학적 추세와 더 정확히 맞아떨어졌다.

선택 묶기, 규정, 심리적 회계

오늘 소비할지 내일 소비할지 결정할 때에는 맥락이 중요한 역할을 한다. 이를테면 5장에서 설명했듯, 결정이 손실로 규정되었을 때의 최종 선택은 결정이 이득으로 규정되었을 때의 선택과 다를 수 있다. 선택들이 어떻게 묶이는지가 최종 결정에 영향을 미치는 것이다. 이는 선택에 일관성이 없어 보이는 현상에 대한 또다른 설명인 **선택 묶기**(choice bracketing)의 바탕을 이룬다. 우리는 복잡하지만 서로 관계가 있는 여러 결정들을 내려야 할 때면 선택들을 묶어 작업을 단순화한다.

리처드 세일러는 이러한 통찰을 **심리적 회계**(mental accounting) 모형으로 발전시켰다. 심리적 회계는 우리가 저축할 수 있고 저축해야 하는데도 늘 그러지는 않는 이유를 설명해준다. 규정, 기준점, 손실 회피는 모두 잠재적 지출 및 저축 결정에 대한 우리의 인식을 좌우한다. 세일러는 심리적 회계를 우리가 재무적 결정을 체계화하고 평가하고 추적할 때 이용하는 인지적 활동으로 정의한다. 그의 주장에 따르면 우리는 화폐를 모두 동등한 것으로 취급하지 않는다. 화폐는 **대체 가능**(fungible)하지 않다. 우리는 언제 어디서 쓰느냐에 따라 돈을 다르게 인식한다. 돈에 대해 어떻게 생각하고 어떻게 지출하느냐는 우리가 돈을 얻거나 버는 맥락에 따라 달라진다. 우리는 심리적 계정들을 따로따로 가지고 있으며 머릿속에서 저마다 다른 계정에 저마다 다른 선택을 부여한다. 행운(복권 당첨을 비롯한 우연한 사건)으로 얻은 돈을 넣어두는 횡재 계정이 있는가 하면 우리가 버는 돈을 넣어두는 소득 계정, 저축하는 돈을 넣어두는 비유동 자산 계정도 있다.

돈과 관련한 우리의 결정은 어떤 심리적 계정을 가장 적절하다고 인식하느냐에 좌우된다. 복권에 당첨되어 생긴 돈은 식도락에 탕진할 수 있지만 같은 돈을 열심히 일해서 벌었다면 저축할 가능성이 더 크다. 신용 카드로 온라인 쇼핑에서 큰돈을 쓰면 현금을 낼 때보다 더 저렴하게 인식된다. 우리는 신용 구매를 현금 구매와 사뭇 다르게 취급하는데, 이는 우리가 장래 계획에 서툰 탓이기도 하다.

심리적 회계는 자신의 경제적 결정에 대한 평가가 맥락에 달려 있음을 뜻한다. 우리는 머릿속에서 선택들을 묶어 합친다. 물건 가격을 어떻게 인식하는가를 결정하는 것은 무엇을 사느냐만이 아니다. 구매 과정이나 저렴한 제품을 찾는 과정 자체에 나름의 가치가 있을 때도 있다. 세일러는 퀼트를 사는 여성을 예로 든다. 모든 퀼트가 치수와 상관없이 가격이 같지만, 그녀는 침대에 비해 너무 큰데도 가장 큰 퀼트를 산다.

콜린 캐머러(Colin Camerer) 연구진은 뉴욕 택시 운전사들을 대상으로 묶기의 또다른 형태인 소득 묶기(income bracketing)를 탐구한다. 캐머러 연구진은 택시 회사에서 운전사들의 운행 일지를 입수하여 근무 패턴과 소득을 조사했다. 표준 경제학 이론의 예측에 따르면 택시 운전사들은 바쁜 날

에는 많이 벌고 한가한 날에는 적게 벌어 하루하루의 소득을
극대화해야 한다. 그런데 놀랍게도 택시 운전사들은 바쁜 날
에 더 많이 벌지 않았다. 그들은 소득을 극대화하지 않고 목표
를 정해 일했으며 바쁜 날에는 일찍 일을 접었다. 캐머러 연구
진은 대안적 설명을 내놓았는데, 그것은 택시 운전사들이 소
득 목표를 일종의 사전 속박으로 활용한다는 것이다. 택시 운
전사들이 꾸준한 소득을 사전 속박으로 삼으면 그들은 바쁜
날에 가욋일을 하지 않을 것이다. 성급한 자아가 가욋벌이를
사치와 음주에 탕진하려는 유혹을 받을 수 있기 때문이다. 그
러지 않고 매일 일정한 목표를 세워 한가한 날에는 많이 일하
고 바쁜 날에는 적게 일하면 가욋돈을 쓰려는 유혹에 빠지지
않고 가끔은 일찍 집에 들어갈 수 있다.

행동발전경제학

시간 비일관성에 대한 통찰은 개발도상국에도 적용되었다.
에스터 뒤플로(Esther Duflo) 연구진은 다양한 무작위 통제 실
험(RCT)을 활용하여 가난한 시골 농민들의 농업 산출을 개선
했다. 1장에서 설명했듯 RCT는 의학에서 차용한 기법으로,
원래는 약물과 의학적 개입의 효능을 검사하는 임상 실험에
서 쓰인다. RCT는 참가자를 둘 이상의 집단―실험군과 대조

군—으로 나눈다. 대조군은 어떤 개입도 받지 않고 실험군은 정책 개입을 받는데, 개입이 영향을 미쳤는지 검증하기 위해 실험군의 결과를 대조군의 결과와 비교한다.

뒤플로 연구진의 실험 중 하나는 케냐 농민들의 비료 구입에 초점을 맞췄다. 비료는 가난한 시골에서는 비교적 값비싼 물품이지만, 농민들이 저축을 할 수만 있다면 비료 구입에 드는 소액의 고정 비용을 감당할 수 있다. 개발도상국의 가난한 시골 지역의 문제는 저축에 필요한 금융 인프라(즉, 은행과 주택 금융 조합)가 없다는 것이다. 저축할 능력이 없으면 농민들은 비료 구입에 필요한 돈을 모으지 못할지도 모른다. 돈을 손에 넣으려면 수확기까지 기다려야 하며(표준 경제학적 문제) 지난번 수확 소득의 저축분을 이용할 수 없기 때문이다. 농민들이 비료 구입을 미루거나 능장을 부리는 현재 편향이 문제일수도 있다. 어느 쪽이든 농업 생산량은 비료를 구입했을 때보다 훨씬 낮아질 것이다. 하지만 농민들이 현재 편향을 이겨낼수 있도록—또한 비료 구입에 필요한 자금이 있는 수확 직후에—비료에 대하여 소액의 시간 제한적 할인을 제공받는다면 필요한 비료를 구입할 가능성이 커져 농업 생산량과 연소득이 상당히 증가할 것이다.

심리학자, 신경과학자, 진화생물학자, 그리고 행동경제학자와 경제심리학자에 의한 시간 비일관성 및 현재 편향 연구는 행동경제학에서 가장 중요한 연구 분야 중 하나다. 대다수 사람들은 우리가 유혹을 거부하기 힘들다는 사실을 안다. 표준 경제학 모형은 우리에게 별 도움이 되지 못하는데, 그 이유는 우리가 장기적 후생을 증진하는 결정을 언제나 현명하게 내릴 수 있다고 비현실적으로 가정하기 때문이다. 많은 사람들이 장기적인 최선의 이익에 부합하도록 행동하지 않는 이유와 그 해결책을 이해하는 것은 행동경제학자와 정책 입안자의 핵심 과제이며 시간 비일관성 연구는 이 논쟁에 많은 기여를 할 수 있다.

제 7 장

성격, 기분, 감정

경제학자들은 모든 사람이 무척 똑똑하며 쉽사리 현명한 선택을 내릴 수 있다고 곧잘 가정한다. 하지만 앞에서 설명했듯, 심리적 편향 때문에 우리는 표준 경제학에서 예측하는 것보다 더 많은 실수를 저지른다. 지금까지는 여기에 깔린 심리적 이유에 주목하지 않았으나 이 장에서는 성격, 기분, 감정 같은 심리적 요인이 어떻게 왜 우리의 경제적·재무적 의사 결정에 영향을 미치는지 설명한다.

이 장에서는 성격과 감정이 우리의 직장 생활, 학업 성취, 재무적 의사 결정에 중요한 영향을 미친다는 사실을 보여준다('emotion'은 문맥에 따라 '감정'이나 '정서'로 번역했다―옮긴이). 우리 중에는 스릴을 추구하여 극한 스포츠, 도박, 금융 상품 거래처럼 위험이 따르는 기회를 찾는 사람이 있는가 하면 위험을 회피하고 신중을 기해 안전한 선택지를 늘 선호하는 사람도 있다. 자제력이 높은 성격 특질을 가진 사람은 돈을 서둘러 쓰려는 유혹을 뿌리칠 수 있으며 인생이 걸린 교육과 고용에 대해 더 나은 결정을 내릴 수도 있다.

성격과 감정은 복잡한 영향을 미치는데, 그 이유는 경제 상황이 사람들의 감정 상태에도 역으로 영향을 미칠 수 있기 때문이다. 기분과 감정은 결정에 영향을 미친다. 우리는 종종 특정한 기분과 감정을 느끼는 성향이 있는데, 이는 부분적으로 성격 특질에 좌우된다. 우울한 성격이면 경제적 거래에서 속임수를 당했을 때 낙담하고 억울해하는 성향이 더 클 수 있다. 충동적 성격이면 분노를 더 빨리 느낄 수 있기에 동료나 친구, 가족과 갈등하기 쉬우며, 이는 우리가 얻을 수 있는 기회에도 영향을 미칠 수 있다.

성격 측정

경제학 연구자들이 성격을 분석 대상으로 삼기 꺼린 이유 중 하나는 성격을 측정하기가 쉽지 않기 때문일 것이다. 심리학자들은 다양한 성격 검사를 이용하지만 경제학자들은 — 적어도 지금까지는 — 비교적 좁은 범위에 머물렀다. OCEAN

검사는 행동경제학에서 가장 흔히 쓰이는 검사 중 하나다. OCEAN은 폴 코스타(Paul Costa)와 로버트 매크레이(Robert McCrae)가 고안했으며 '5대 요인 모형(Big Five Model)'—경험에 대한 개방성(Openness), 성실성(Conscientiousness), 외향성(Extraversion), 친화성(Agreeableness), 신경증(Neuroticism)의 다섯 가지 측면에 걸친 특질들을 파악한다—을 토대로 삼는다.

행동경제학자들은 인지 기능 검사도 즐겨 이용한다. 성격에서와 마찬가지로 인지 기능 검사도 종류가 다양하다. 오래되고 널리 알려진 인지 기능 검사로 한스 아이젱크(Hans Eysenck)의 지능 지수(IQ) 검사가 있지만, 반드시 남달리 정확하지는 않다. 시간이 촉박한 행동경제학자들은 셰인 프레더릭(Shane Frederick)의 인지 반사 검사(CRT)를 이용할 수 있다. 거기에 들어 있는 질문 중에는 이런 것이 있다. "야구 방망이와 야구공의 총 가격은 1.1달러다. 방망이는 공보다 1달러 비싸다. 공은 얼마일까?"(천천히 생각해보시길! 정답은 이 책의 '참고문헌 및 독서안내'에 나와 있다.) CRT는 인지 기능을 파악하기 위해 설계되었지만 사람들의 시간 및 위험 선호와도 상관관계가 크다. 어떤 사람들은—지능이 매우 높은 사람들을 비롯하여—곧장 답을 내놓는데, 이는 성격이 급해서 정답을 골똘히 생각할 여유가 없기 때문이다.

성격 특질을 파악하기가 쉽지 않은 이유는 주로 자기 보고 설문을 활용하여 측정하기 때문이다. 그러면 여러 편향에 빠지기 쉽다. 실험 참가자들은 종종 자신을 근사하게 보이게 하거나 실험자에게 감명을 주는 대답을 내놓고 싶어한다. 성격과 성취 사이의 피드백도 결과에 복잡성을 더할 수 있다. 불안을 쉽게 느끼는 신경증적인 사람은 인지 검사에서 낮은 성적을 받을 수 있는데, 이 또한 능력 부족 때문이 아니라 검사의 맥락이 불안감을 조성하기 때문이다. IQ 검사를 치르려면 노력이 필요하며 연구자들은 낮은 점수가 능력 부족의 결과인지, 동기 결여의 결과인지, 두 가지가 어우러진 결과인지 알아내기 힘들다. 실험 참가자가 보수를 받는지 여부도 성격 측정에 영향을 미친다. 아이들에게 과자를 주면 IQ 점수가 향상되는데, 이것은 과자가 아이들을 똑똑해지게 하기 때문이 아니라 더 열심히 노력하도록 동기를 부여하기 때문이다. 성인도 동기에 영향을 받는다. 정서가 안정되고 성실한 참가자들은 금전 보상 같은 외적 유인에 영향을 덜 받으며, 그렇기에 인지 기능을 측정하기가 수월할 수 있다.

성격과 선호

일단 성격을 측정했다면, 여기에 어떤 경제적 의미가 있는지 알고 싶어질 것이다. 경제학자들은 종종 사람들의 선택이 선호에 좌우된다고 가정하는데, 선호는 성격의 영향을 받는다. 쉽게 공감하는 사람은 이타적 선택을 내릴 가능성이 클 것이다. 충동적인 사람은 조바심을 낼 가능성이 크며 (이를테면) 은퇴를 대비해 저축하는 일에 능숙하지 못할 수 있다. 모험심이 큰 사람은 위험을 감수할 가능성이 큰데, 이로 인해 특정한 선택을 할지도 모른다. 이를테면 도박을 하고/거나 위험이 따르는 직업을 선택할 가능성이 크다.

유전자도 한몫한다. 데이비드 세서리니(David Cesarini) 연구진은 (유전자가 같은) 일란성 쌍둥이와 (유전자가 다른) 이란성 쌍둥이를 연구했다. 연구진은 유전적 변이와 환경 요인이 위험 선호에 미치는 영향을 찾아내기 위해 두 집단을 비교했다. 그랬더니 쌍둥이들에게서 관찰된 너그러움과 위험 추구 행동의 차이 중에서 유전적 요인은 20퍼센트에 불과했다. 한 연구에서는 쌍둥이들이 나타내는 과신의 차이 중에서 약 16~34퍼센트가 유전적 구성과 관계가 있었다. 연금 계획에 대한 또다른 연구에서는 쌍둥이가 선택한 금융 포트폴리오의 위험성 차이 중에서 25퍼센트를 유전적 요인으로 설명할 수 있었다.

성격과 인지

성격은 많은 경제적·재무적 의사 결정과 선택에 영향을 미친다. 의사 결정을 하려면 곰곰이 따져봐야 할 때가 많은데, 성격 특질은 인지 능력을 결정하며 인지를 통해 선택을 좌우한다. 이로 인해 학업 성취, 직무 성과, 사회적 기술이 결정되기에 그 결과는 종종 일생에 걸쳐 나타난다. 성실한 사람이 더 끈기 있는 성향이 있다면 그들은 은퇴를 대비해 저축하고/거나 (이를테면 좋은 교육을 받음으로써) 스스로에게 투자할 가능성도 클 것이다.

6장에서 살펴본 월터 미셸의 마시멜로 실험에 따르면, 아이들이 자제력을 발휘하고 유혹에 저항하는 능력은 훗날의 성공과 상관관계가 있었다. 미셸 연구진은 유혹을 거부할 수 있었던 아이들이 훗날 더 성공을 거뒀음을 발견했다. 다른 연구들에서는 유혹에 저항하는 능력이 작은 아이들이 자라서 범죄에 연루될 가능성이 크다는 사실이 밝혀졌다.

렉스 보르한스(Lex Borghans) 연구진도 성격과 생활 기회를 깊이 연구했다. 연구진은 성실함이 학업 성취, 직무 성과, 지도력, 장수와 상관관계가 있음을 밝혀냈다. 하지만 경제적·사회적 삶에서 성공을 보장하는 성격 특질이 정해져 있는 것은 아니다. 장소에 따라 저마다 다른 성격 특질들이 중요하다. 직장에서 우리는 믿음직한 동료를 대체로 선호한다. 파티에서는 유머 감각이 있는지 여부가 관심사일 것이다. 성격 특질에 맞는 직업도 다르다. 우리가 병에 걸렸을 때 찾아가고 싶은 의사는 공감 능력이 있고 인지 능력이 뛰어나서 증상과 진단을 쉽고 정확하게 연결 지을 수 있는 사람이다. 이에 반해 레스토랑에 갈 때 우리가 원하는 주방장은 기발하고 엉뚱한 사람이다. 심지어 주방장이 성마르고 창의적이고 변덕스러울수록 더 맛있는 음식을 만들 거라 믿기도 한다. 성마르고 창의적이고 변덕스러운 의사를 원하는 사람은 아무도 없겠지만.

아동기의 성격

성격은 매우 이른 시기부터 삶에 영향을 미치며, 어린아이들은 성격과 인지가 가변적이다. 환경이 중요한 영향을 미친다. 렉스 보르한스 연구진은 사회·경제적 지위가 높은 부모에게 입양된 아이들이 사회·경제적 지위가 낮은 부모에게 입양된 아이들보다 IQ 점수가 높다는 사실을 발견했다. 배경이 불리하더라도 좋은 아동 보호소와 가정 방문의 혜택을 입으면 도움을 받을 수 있다. 이런 혜택은 아이들로 하여금 훌륭한 인지적 기술을 발달시키도록 설계되었지만, 사회성 및 인성을 효과적으로 향상시킬 수도 있다. 적절히 설계된 교육 혜택은 아이들이 노력과 연습에 필요한 복잡한 기술을 발달시키는

데 유익하다. 이런 기술을 습득한 아이들은 자라서 경제적으로 성공할 가능성도 커진다.

성격과 동기는 초기의 성공에서 인지 능력과 IQ 못지않게 중요할 수 있다. 노벨 경제학상 수상자 짐 헤크먼(Jim Heckman) 연구진은 미국의 교육 프로그램 — 하이/스코프 페리 미취학 아동 학습(High/Scope Perry Preschool Study) — 연구에서 나온 증거를 활용하여 이러한 영향을 탐구했다. 이 학습 프로그램은 불우한 아프리카계 미국인 아이들을 위해 설계되었다. 교육 과정은 능동적이고 개방적인 학습 및 문제 해결을 통해 아이들의 인지적·사회정서적 기술을 발달시키는 데 중점을 두었다. 헤크먼 연구진은 아이들의 이후 성공을 추적하여 이들이 거둔 결과를 대조군(하이/스코프 프로그램을 접하지 못한 아이들)과 비교했다.

이 프로그램의 긍정적 영향은 아이들이 자라면서 감소했지만 불우한 아이들이 얻은 유익은 다른 집단보다 훨씬 컸다. 헤크먼 연구진은 프로그램으로 인한 편익이 크다고 추정했다. 학습 프로그램에 참여한 아이들은 성인이 되었을 때 훨씬 좋은 성과를 거뒀다. 나중에 범죄를 저지르거나 생활 보호 대상자가 될 가능성이 낮았으며 학업 성취, 피고용률, 소득 면에서 높은 성취도를 기록했다. 헤크먼 연구진은 하이/스코프 프로그램의 전체 투자 수익률을 약 7~10퍼센트로 추산했다. 요즈음 대다수 선진국에서는 정부가 1퍼센트 미만의 금리로 차입할 수 있다. 헤크먼의 수치가 시사하는 바가 있다면 그것은 정부가 자금을 빌려 비슷한—특히, 불우한 집단을 대상으로 한—교육 프로그램에 지출하는 것은 공적 자금을 현명하게 쓰는 일이라는 것이다.

감정, 기분, 내장감각적 요인

경제학자 욘 엘스터(Jon Elster)는 기분과 감정이 경제적 의사 결정에 어떤 영향을 미치는지에 대한 연구의 개척자다. 기분과 감정은 어떻게 다를까? 엘스터는 감정에는 목표가 있지만 기분은 더 막연하고 덜 명확하다고 묘사한다. 또한 기분은 집단적으로 경험할 수도 있으며 이 점에서 감정에 비해 성격 특질의 영향을 덜 받는다. 기분에 대해서는 8장에서 거시경제를 설명하면서 좀더 언급할 텐데, 거시경제 변동과 금융 시장 불안정의 핵심 동인인 자신감이나 분위기가 기분과 관계 있기 때문이다.

감정, 특히 사회적 감정은 우리의 기본적 본능보다 고도로 진화했을 수도 있지만, 그럼에도 경제학자들은 곧잘 감정을 의사 결정에서의 비합리적 요소로 치부한다. 엘스터 등은 이 가정에 이의를 제기하며 어떻게 감정과 합리성이 서로를 보완할 수 있는지 설명한다. 감정은 우리가 갈팡질팡할 때의 중요한 '결정권자(tie-breaker)'다. 감정이 효율적 의사 결정에 유리한 이유는 빠르게 작동할 수 있기 때문이다. 하지만 별 도움이 안 되는 상황도 있다. 이를테면 우리는 위험이 따르는 불확실한 상황을 맞닥뜨리면 두려움을 느끼는데, 행동해야 할 때이 때문에 몸이 말을 안 들을 수 있다.

감정 어림짐작

감정은 경제적·재무적 선택에 복잡한 영향을 미치지만, 감정과 어림짐작을 연결하면 이 복잡성을 이해하는 데 도움이 된다. 4장에서 설명했듯, 어림짐작은 빠른 의사 결정 규칙이며 종종 우리를 바른 길로 인도하지만 때로는 실수를 저지르게 하기도 한다. 편향은 사람들이 기억하기 쉬운 정보에 주목하고 기억하기 힘든—하지만 잠재적으로 더 중요하고 객관적인—정보를 무시하는 가용성 어림짐작을 사용할 때 생긴다. 감정은 여기에도 관여한다. 감정은 객관적 사실과 수치에 비해 접근성과 가용성이 크기 때문이다. 감정은 종종 강렬하며 더 쉽게 기억될 수 있다. 더 빠르고 자동적인 반응과도 관계가 있다. 감정은 기억에 영향을 미쳐 무엇이 기억되고 무엇이 망각되는지를 좌우한다. 그래서 우리는 감정을 행동의 나침반으로 삼는다. 감정은 **감정 어림짐작**(affect heuristic)이라는 어림짐작의 필수 요소다.

감정과 감정 어림짐작은 인지 처리에도 개입할 수 있다. 광고업자와 선정주의적 언론인은 이를 악용한다. 생생한 심상은 기억하기 쉽다. 비행기 납치나 추락 같은 생생하고 무시무시한 장면을 보면 우리는 실은 기차를 타는 것이 더 위험한데도 비행기를 안 타기로 결정할 가능성이 있다. 끔찍한 자동차 사고를 목격한 사람들은 사고 장면에 대한 감정적 반응을 바탕으로 운전의 위험성에 대한 왜곡된 인식을 가질 수 있다. 이 때문에 실은 보행자 사고가 더 흔한데도 운전을 하지 않기로 결정할 가능성이 있다.

기본적 본능과 내장감각적 요인

엘스터는 감정과 **내장감각적 요인**(visceral factor)을 구분한다. 내장감각적 요인은 굶주림과 목마름 같은 기본적 본능과 관계가 있다. 또한 선천적으로 타고나며 의식적 통제 범위를 종종 넘어선다. 내장감각적 요인은 빠른 결정에 도움이 된다는 점에서는 감정과 비슷하다. 인류의 생존과 기본적인 일상 기능에 꼭 필요하지만 효과가 강력하고 그 밖의 목표를 수립하게 할 수도 있다. 감정보다 더 원시적이고 내장되어 있으며 덜 진화했기 때문이다.

심리학자 조지프 르두(Joseph le Doux)와 행동경제학자 조지 로웬스타인은 많은 연구를 통해 감정과 내장감각 요인이 어떻게 자기 파괴적 행동에 한몫하는지 설명해냈다. 로웬스타인은 우리가 내장감각 요인에 휘둘릴 때 더 근시안적이고 이기적이며 내장감각 요인이 격렬하게 작용할 때 덜 이타적이라고 주장한다. 내장감각 요인은 공감 능력도 제한한다. 우리는 남들에 대해 무언가를 결정할 때 그들의 내장감각 요인을 무시하거나 과소평가한다. 우리는 자신이 느끼는 것과 똑같은 내장감각 요인을 남들도 경험할 거라 상상하지만, 그들의 내장감각 요인이 행동에 미치는 영향을 과소평가한다. 내장감각 요인은 우리가 중독 같은 위험한 자기 파괴적 행동에 빠지는 이유를 설명할 수 있게 한다. 내장감각 요인이 현대의 인위적 환경에서 증폭된다는 것도 문제다. 오늘날 기술 덕에 우리는 컴퓨터와 인터넷을 이용하여 많은 결정을 우리의 먼 조상보다 훨씬 빨리 내릴 수 있다. 선진국의 대다수 사람들에게 음식은 여느 중독성 성분과 마찬가지로 얼마든지 있으며 빠르게 사서 먹을 수 있다. 현대인은 빠르고 본능적인 충동에 좌우되고 싶어하지 않는다. 그럴 필요도 없다. 하지만 내장감각 요인이 결정에 미치는 영향을 과소평가하거나 무시하여 통찰을 얻지 못하면 문제가 복잡해진다.

이 모든 현상은 내장감각 요인이 우리의 결정과 선택에 아리송하고도 복잡한 영향을 미칠 수 있다는 뜻이다. 고차원적 인지 기능과 상충될 수도 있고 남들과의 상호 작용이나 관계를 방해할 수도 있다. 신경과학자 조너선 코언(Jonathan Cohen)은 이에 대해 비교적 낙관적인 입장이다. 그는 진화의 관점에서 우리가 꽤 훌륭히 적응했다고 주장한다. 우리의 사회적·신체적 환경이 급격히 달라진 것과 때를 같이하여 이성과 통제력이 발달했으며, 기술이 발전하면서 우리의 오래된 감정 과정은 퇴물이 되었다. 충동적이고 감정적인 반응은 우리가 수렵·채집인일 때는 생존에 중요한 역할을 했을지도 모른다. 그때는 기초 자원이 부족하고 금세 못 쓰게 되었기에 굶주림을 면하려면 빠르고 본능적으로 행동해야 했다. 하지만 현대에는 이런 본능이 제 몫을 다하지 못할 수 있으며 중독 같은 도착적 행동을 일으킬 수도 있다. 코언은, 이런 부적응 문제가 있긴 하지만 진화가 뇌를 '가황(加黃, vulcanize)'하고 강화한 덕에 이성과 통제력이 원시적 감정 반응을 조절할 수 있다고 주장한다. 그렇기에 인류는 6장에서 언급한 사전 속박 장치—이를테면 저축 계획, 금연용 니코틴 껌, 전자 담배—를 발달시킬 수 있었다. 이렇듯 우리의 뇌는 충동적이고 자기 파괴적이고 감정적인 의사 결정의 영향을 누그러뜨리는 방향으로 진화했다.

신체 표지 가설

신경과학자 안토니오 다마지오(Antonio Damasio)는 우리의 선택을 좌우하는 감정의 역할을 더 긍정적으로 바라본다. 감정은 우리의 신체 반응—다마지오는 이를 **신체 표지**(somatic marker)라고 부른다—으로 나타나는 중요한 생리적 단서와 관계가 있다. 신체 표지에서 알아낸 것은 감정을 통해 전달되며, 이따금 이것은 더 나은 결정을 더 빨리 내리는 데 유익하다. 앞에서 말했듯, 감정은 감정 어림짐작의 원동력이다.

신체 표지는 의식적 생각의 결과일 수도 있다. 하지만 그보다는 무의식적으로 작용하는 경우가 더 많다. 이를테면 불에 덴 적이 있으면 불이 두려워서 가까이 못 간다. 이것은 신체 표지가 행동을 촉발하는 감정으로 변환되는 사례다. 투자가 성공할 거라고 직관적으로 '아는' 사업가의 직감처럼 더 의식적인 표지도 있다. 어느 의미에서 직감은 선택과 계획에 대한 의식적 느낌을 나타낸다. 전문가에게 육감이 있다는 말은—이를테면 의사가 명확한 이유를 제시하지 못하면서도 환자가 어떤 병에 걸렸으리라 짐작할 때—모든 지식과 경험을 합친 느낌이나 직관을 가지고 있다는 것에 불과하다.

다마지오 연구진은 뇌 손상 환자들을 주로 연구하는데, 그중 역사상 가장 유명한 사람은 피니어스 게이지(Phineas Gage)다. 게이지는 미국의 철도 회사에서 일하고 있었는데, 어느 날

쇠막대가 그의 뇌를 관통했다. 어느 면에서 피니어스 게이지는 지독하게 운이 좋았다. 뚜렷한 외상이 전혀 없이 회복했으니 말이다. 하지만 그는 이 사고로 전두엽(대체로 고차원적 인지 기능을 담당하는 부위)이 손상되었다. 이 뇌 손상으로 그는 성격이 아주 달라졌을 뿐 아니라 업무 능력도 낮아졌다. 그는 결국 일자리를 잃었으며 여러 경제적·정서적 고통에 시달렸다. 안토니오 다마지오는 자신의 환자에게서도 비슷한 패턴을 목격했는데, 그중 엘리엇은 뇌종양 제거 수술 이후에 전두엽 손상을 겪었다. 피니어스 게이지와 마찬가지로 기본 인지 기능은 여러 면에서 멀쩡했지만, 그는 극단적 강박을 보였다. 정서 반응이 손상되었으며 이는 사회적 측면뿐 아니라 경제적 측면에도 영향을 미쳤다. 여러 선택지 중에서 하나를 고르기가 무척 어려웠기 때문이다. 다마지오는 그 이유를 감정이 선택을 돕기 때문이라고 설명한다. 엘리엇의 정서 반응이 손상되면서 선택하고 결정하는 능력도 손상되었다는 것이다. 정서 반응의 제약은 업무 효율에서도 심각한 지장을 초래했다.

하지만 이 행동을 정서적 영향 탓으로 돌리기란 쉬운 일이 아니다. 정서를 측정하고 관찰하기가 힘들기 때문이다. 댄 애리얼리 연구진은 실험 참가자들에게 (천연색과 흑백의) 시각 정보를 줌으로써 정서적 영향을 일으키고 관찰하는 기발한 방법을 고안했다. 그들의 발상은 천연색 그림이 더 생생하기에 더 강력한 정서 반응을 촉발할 수 있다는 것이었다. 또한 연구진은 일련의 '점화(priming)' 수법을 통해 참가자들의 지각을 조작했다. 그들은 참가자에게 과거에 일어난 사건 중에서 감정 덕에 좋은 결정을 내린 경우와 인지 능력 덕에 좋은 선택을 내린 경우를 떠올려보라고 했다. 그러고는 여러 제품을 순서대로 선택하도록 했다. 그랬더니 참가자들은 자신의 인지 능력에 대한 자신감이 없을 때 감정에 더 의존했고 자신의 느낌에 자신감이 있을 때에도 감정에 더 의존했으며 천연색 사진을 볼 때에도 감정에 더 의존했다. 애리얼리 연구진은 더 강한 정서 반응을 일으키는 제품을 선택할 때 참가자들이 더 일관되게 선택할 가능성이 크다는 사실을 발견했다. 이 증거는 안토니오 다마지오와 그 밖의 사람들이 감정에 대해 가진 통찰을 입증한다. 그것은 감정이 긍정적 영향을 미칠 수 있으며 좋은 결정을 내리는 데 보탬이 될 수 있다는 것이다. 감정은 비합리적이지 않다.

두 시스템 모형

감정이 유용한지 여부에 대한 이 모든 견해를 어떻게 조화시킬 수 있을까? 복잡하고 (겉보기에) 모순되는 현상들의 일부는 정서(emotion)/감정(affect) 대 인지의 상호 작용을 탐구하는 **두 시스템 모형**(dual-system model)으로 조화시킬 수 있다. 『생각에 관한 생각』에서 대니얼 카너먼은 자신이 이 분야에서 어떤 연구를 했는지, 이것이 (4장과 5장에서 살펴보았듯) 어림짐작, 편향, 전망 이론에 대한 아모스 트버스키와의 앞선 연구에 어떻게 연결되는지 요약한다. 카너먼은 사고 과정을 일종의 지도로 상상하여 두 가지 주된 의사 결정 시스템을 구별한다. 하나는 자동적이고 빠르고 직관적인 시스템 1이고 다른하나는 인지적이고 의도적이고 통제되는 시스템 2다.

시스템적 사고에 대한 행동경제학 연구는 방대하고 계속 증가하고 있으며, 그 영향을 포착하기 위해 많은 실험이 설계되었다. 댄 애리얼리 연구진은 2장에서 살펴본 유인 및 동기 연구를 이어받아 화폐 유인이 효과적인 자동적 절차로부터 주의를 분산시켜 성과에 악영향을 미칠 수 있다는 아이디어를 탐구했다. 이를테면 프로 운동선수는 자신의 움직임에 대해 너무 골똘히 생각하지 않을 때 경기를 더 잘하는 경향이 있다. 윔블던처럼 큰 상이 걸린 일류 국제 운동 경기에서 뛰다보면 **숨 막히는 압박감**(choking under pressure)을 느낄 수 있다. 애리얼리 연구진은 미국과 인도에서 몇 가지 실험을 진행했다. 실험 참가자들은 여러 과제를 수행하고 성과에 따라 보상을 받았는데, 가장 넉넉한 보상이 걸려 있다고 해서 사람들이 반드시 최상의 결과를 내놓지는 않았다. 연구진은 큰 보상이 걸린 경기에서 참가자들이 숨 막히는 압박감을 느꼈으리라 추정했다. 이 보상이 왜곡된 정서 반응을 촉발하고 감정과 인지 사이에 갈등을 일으켜 성과에 악영향을 미쳤다는 것이다.

일부 행동경제학자들은 이 아이디어를 중독에 대한 (로웬스타인과 르두가 설명한) 내장감각 요인 모형에 대한 대안으로 발전시킨다. 두 진영의 이론은 모두 주류 경제학자들의 **합리적 중독**(rational addiction) 모형에 대한 대안이다. 이를테면 게리 베커(Gary Becker) 연구진은 중독을 비롯해 우리가 하는 행동이 대부분 합리적 선택의 결과라고 주장했다. 우리의 개인적 중독 경험에 비추어보면 납득하기 힘든 주장이다. 이에 반해 두 시스템 모형은 무엇이 중독을 유도하는지를 더 직관적이고 효과적으로 설명한다. 핵심적 통찰 중 하나는 더글러스 번하임(Douglas Bernheim)과 안토니오 랑겔(Antonio Rangel)의 **열띤 상태**(hot state), **식은 상태**(cold state) 모형에서 찾아볼 수 있다. 감정과 내장감각 요인은 우리가 차분하게 느끼는 '식은' 상태일 때보다 스트레스를 느끼는 '열띤' 상태일 때 우리를 압도하기 쉽다. 열띤 상태에서는 상황을 오판하고 유혹에 빠질 가능성이 크다. 재활중인 중독자에게서는 중독의 재발을 촉발할 수도 있다. 데이비드 레입슨은 코카인 중독자를 예로 들었는데, 이 중독자는 감옥에 있을 때는 중독으로부터 회복할 수 있었으나 석방되자마자 약물에 손을 댔다. 예전의 중독 습관을 연상시키는 장소와 단서로 돌아갔기 때문이다.

감정은 더 폭넓은 영향을 ─ 이를테면 정치적·경제적 측면에서 ─ 미치기도 한다. 유럽연합에서 탈퇴할 것인지를 결정하는 영국의 2016년 '브렉시트(Brexit)' 국민 투표를 앞두고 대니얼 카너먼이 영국 신문 〈텔레그래프〉에 칼럼을 썼는데, 흥분과 분노가 브렉시트 통과 가능성을 높일 수 있다는 그의 통찰에는 선견지명이 있었다. 투표일이 다가오면서 감정이 분석을 지배했다. 브렉시트 투표가 끝난 뒤에도 감정이 다시 고조되었다. 많은 '잔류파'는 자신이나 가족에게 개인적으로 ─ 적어도 당장은 ─ 영향을 미치지 않는 사건에 대해 우울감과 상실감을 느꼈다고 보고했다. 어쩌면 손실 회피 같은 다른 행동 요인들이 정서 반응을 좌우했는지도 모르겠다.

신경경제학에서의 정서

정서를 측정하는 것은 매우 복잡하다. 심지어 성격을 측정하는 것보다도 힘들다. 신경과학자들은 경제학자들보다 훨씬 오래전부터 정서를 연구했으며, 그들의 도구 중에는 경제적·재무적 의사 결정을 연구할 때 요긴한 것들도 있다. 경제학자와 신경과학자가 손을 잡고 혁신적인 행동경제학 분야를 탄생시켰으니 그것이 바로 **신경경제학(neuroeconomics)**이다. 신경경제학자들은 경제학과 신경과학의 이론과 도구를 합친다. 신경경제학은 새롭고 혁신적인 데이터를 비롯하여 경제학에 줄 것이 많다. 어떤 실험가들은 심장 박동수, 피부 전도 및 발한율, 안구 추적을 비롯한 생리 반응을 측정하여 경제적·재무적 의사 결정과의 관계를 연구한다. 이를테면 킵 스미스(Kip Smith)와 존 디카우트(John Dickhaut)는 경매 실험에서 심박수 데이터를 활용하여 정서 상태를 추론했다.

일반적 생리 반응을 측정하는 것으로는 정서 반응에 대한 매우 자세한 정보를 얻을 수 없다. 뇌 영상화로는 더 풍부한 정보를 얻을 수 있지만 비용이 많이 들고 복잡한 기법을 동원해야 한다. 뇌 영상화 실험에서 얻는 표본은 경제학의 여타 분야에서 이용하는 대규모 표본에 비하면 매우 작다. 가장 흔히 쓰이는 뇌 영상화 기법 중 하나는 기능적 자기공명영상(fMRI)이다. 이 기법은 몇몇 신경금융(neuro-finance) 실험에서—특히, 위험이 따르는 의사 결정과 정서의 관계를 알아보기 위해—활용되었다. 그 밖의 실험에서는 (앞에서 설명한) 두 시스템 모형을 검증하기 위해 뇌 영상화 기법을 활용하여 사회적 상황에서 참가자들이 나타내는 정서·인지 반응을 연구했다. 이 실험들은 여러 신경 영역이 정서 대 인지 처리에서 어떤 역할을 하는지에 대한 대략적 분류를 바탕으로 삼는다.

고전적인 예로는 앨런 산피(Alan Sanfey) 연구진의 실험이 있다. 그들은 (3장에서 설명한) 최후통첩 게임에서 사람들의 정서와 인지가 어떻게 상호 작용하는지 알기 위해 신경과학 기법을 활용했다. 최후통첩 게임의 방법을 복습해보자. 제안자가 응답자에게 일정액을 주겠다고 제안한다. 응답자가 제안을 거부하면 두 사람 다 한 푼도 받지 못한다. 산피 연구진은 일부 라운드에서 참가자가 같은 사람과 다시 맞닥뜨리도록 실험을 변경했다. 다른 라운드에서는 참가자가 컴퓨터를 상대해야 했다. 당연할 수도 있겠지만, 부당한 제안을 컴퓨터가 내놓았을 때보다는 사람이 내놓았을 때 거부되는 경우가 더 많았다. 참가자들은 비교적 극심한 정서 반응을 느꼈다고 보고했다. 부당한 제안을 받았을 때 분노를 느꼈으며 금전적 이득을 포기하는 한이 있더라도 제안자를 응징할 작정이었다고 말했다.

산피는 fMRI로 실험 참가자들의 뇌를 스캔하여 산소 농도가 높은 혈류가 여러 뇌 부위를 통과하는 흐름을 측정했다. 간단히 말하자면, 이런 뇌 매핑 기법의 근거는 저마다 다른 뇌 부위가 저마다 다른 생각 유형에 관여한다는 개념이다. 전전두피질은 고도로 진화한 뇌 영역으로, 대개 고차원적 인지 기능을 담당한다. 카너먼의 생각 시스템 모형에 따르면, 전전두피질은 시스템 2의 통제된 인지적 사고와 관계가 있다. 그림 5는 전두피질을 비롯해 정서 처리와 연관된 뇌 부위—**정서변연**

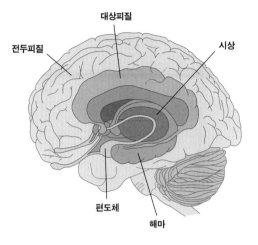

대상피질

전두피질

시상

편도체

해마

5. 뇌의 부위. 편도체는 변연계의 일부인데, 변연계는 전통적으로 정서 처리와 연관된 뇌 구조들의 상호 연결망을 일컫는다.

계(emotional limbic system)라 부르기도 한다—를 나타낸다.

산피 연구진은 섬(insula)이라는 뇌 부위에 초점을 맞춘다. 섬은 통증, 굶주림, 목마름, 분노, 혐오 같은 부정적 정서 상태를 처리한다. 변연계의 일부이기는 하지만 뇌 속 깊숙한 곳에 들어 있어서 그림으로 나타내기가 쉽지 않다. 섬은 시스템 1 사고와 연관된 충동적이고 자동적인 의사 결정 유형에 관여한다. 산피 연구진이 최후통첩 게임에서의 반응을 연구했더니 섬은 컴퓨터의 부당한 제안보다는 사람의 부당한 제안에 대해 더 심하게 활성화되었으며, 제안이 부당할수록 섬 반응이 커졌다. 참가자들의 섬 활성화에는 예측력도 있었다. 섬이 많이 활성화되는 참가자들은 부당한 제안을 거절하는 비율이 훨씬 컸다. 산피 연구진은 참가자들이 부당한 제안에 반응하는 기전이 악취에 반응하는 것과 같을지도 모른다고 주장했다. 부당한 대우는 분노와 더불어 '도덕적' 유형의 혐오를 유발한다는 것이다.

참가자들의 전전두피질은 나중에 수용된 부당한 제안에 대해 더 강하게 활성화되었다. 이것은 부당한 제안을 받아들이기가 더 힘들며 이를 거부하려는 정서적 충동을 극복하려면 인지적 노력이 필요하기 때문인지도 모른다. 산피 연구에서 발견된 또다른 흥미로운 사실은 이 갈등에 심판이 있는 듯하다는 것이다. 그것은 갈등 해소와 흔히 연관되는 전방대상피질(anterior cingulate cortex)이라는 부위다. 대상피질은 그림 5에도 표시되어 있다. 전방대상피질이 활성화된 이유는 인지 반응 대 정서 반응의 갈등을 해소하는 역할을 하기 때문일 것이다. 우리의 인지 시스템은 돈을 원하고 정서 시스템은 못된 제안자를 응징하고 싶어한다. 전방대상피질은 신경 안에서 벌어지는 이 갈등을 해소한다.

어떤 신경경제학 연구에서는 공감 반응을 탐구한다. 뇌 영상화 기법을 이용한 타냐 싱어(Tania Singer) 연구진의 실험에 따르면, 상대방이 고통스러운 전기 충격을 받는 것을 보았을 때 실험 참가자들이 보인 공감 반응에는 섬을 비롯한 자동적 정서 처리 회로가 관여한다. 공감 반응은 남들에게서 관찰된 고통에 반응하여 스스로 내적 감정 상태의 표상을 만들어냄으로써 일어나는 듯하다.

금융 의사 결정에 대한 신경경제학 실험

몇몇 신경경제학 연구는 정서가 금융 시장에 미치는 영향을 탐구한다. 연구자들은 뇌 손상 환자들이 금융 문제에 대해 어떤 결정을 내리는지 연구했다. 바바 시브(Baba Shiv) 연구진은 뇌 손상 환자들의 행동을 연구하고 이를 건강한 대조군의 결정과 비교했다. 연구진은 두 집단에 금융 투자 게임을 하도록 했다. 건강한 참가자들은 위험이 작은 전략을 고르는 법을 재빨리 배웠다. 그런데 뇌 손상 환자들은 훨씬 큰 위험을 감수했으나 대조군에 비해 꽤 많은 수익을 올렸다. 다른 연구에서는 극심한 정서 반응을 겪는 사람들이 금융 거래 게임에서 다르게 행동한다는 사실이 밝혀졌다. 앤드루 로(Andrew Lo) 연구진은 극단적인 정서 반응을 나타내는 실험 참가자들이 금융 거래에 덜 적합하다는 사실을 발견했다.

뇌 영상화 연구에서도 정서 상태와 거래 행동 사이의 관계가 드러났다. 브라이언 넛슨(Brian Knutson) 연구진은 안전한 주식과 위험이 따르는 주식 중에서 선택을 하는 거래인들을 대상으로 fMRI를 이용한 뇌 영상화 연구를 진행했다. 넛슨 연구진은 정서 처리가 금융 결정에서 중요한 역할을 한다는 사실을 발견했다. 위험이 따르는 선택을 할 때는 선조체(striatum)라는 뇌 부위가 활성화되었는데, 이 부위는 위험 감수의 보상과 중독을 비롯한 보상들을 처리하는 데 관여한다. 또한 연구진은 거래인들이 안전한 옵션을 취급하는지 위험이 따르는 옵션을 취급하는지에 따라 섬의 활성화에 유의미한 차이가 발생한다는 사실도 알아냈다. 이것은 손실에 대한 두려움을 비롯한 부정적 정서 반응에 섬이 관여하기 때문인지도 모른다. 손실에 대한 두려움이 위험 회피로 인한 실수와 관계가 있다면 말이다.

호르몬이 영향을 미칠 수도 있다. 신경과학자 조 허버트(Joe Herbert)와 경제학자 존 코츠(John Coates)는 런던 데이 트레이더(day-trader)—하루 안에 일어나는 자산 가격 변동에서 이익을 추구하는 거래인—들의 행동을 들여다보는 자연 실험을 진행할 수 있었다.

코츠와 허버트는 타액 표본을 활용하여 거래인들의 테스토스테론과 코르티솔 수치를 측정했다. 테스토스테론은 위험 감수 및 반(反)사회적 행동과 연관된 것으로 알려져 있으며, 코르티솔은 스트레스를 많이 받으면 수치가 높아진다. 코츠와 허버트는 거래인들의 오전 테스토스테론 수치와 그날의 실적 사이에 상관관계가 있음을 알아냈다. 거래인들은 오전에 테스토스테론 수치가 높을 경우 그날 거래에서 더 많은 이익을 얻었다. 이것은 위험 감수와 과감함이 (적어도 부분적으로는) 표준 경제학적 분석에서 설명하는 합리적 계산 과정에 의해서가 아니라 우리의 생리에 의해 좌우됨을 시사한다.

정신분석학의 통찰을 이용한 연구도 있다. 데이비드 터킷(David Tuckett)은 정신분석학자로, 자신의 전문성을 활용하여 거래인의 정서를 연구한다. 터킷은 거래인이 노심초사하는 금융 자산이 금전적 측면에서만 귀중한 것이 아니라고 주장한다. 금융 자산은 정신분석학자들이 말하는 **환상적 대상**(phantastic object), 즉 비길 데 없이 남다른 특징이 있다고 소유자가 믿는 대상이다. 돈을 버는 흥분이 손실에 대한 공황 유발 공포와 시간적으로 분리되면 정서적 갈등이 생긴다. 거래인들은 한 국면에서는 이익을 얻고 다른 국면에서는 돈을 잃는다. 이것은 투기적 거품이 커지는 이유를 설명하는 한 가지 방법인지도 모르겠다. 거래인들은 과거의 손실을 금방 잊어버리니 말이다. 그들은 자신의 충동성을 합리화할 이야기와 서사를 지어낸다. 거품이 꺼지면 도취적 호황을 누리다가 자신감이 보기 좋게 무너지는 정서적 변동이 따르는데, 터킷에 따르면 최초에 이를 촉발하는 것은 거래인의 정서적 갈등이다.

주식 거래에서 정서가 수행하는 이런 역할은 거시경제 성과를 좀먹는 금융 불안정을 설명하는 데 어느 정도 기여할지도 모른다. 8장에서는 이런 주제 중 몇 가지를 행동경제학에서 비교적 새로운 미답의 영토인 행동거시경제학의 맥락에서 살펴볼 것이다.

제 8 장

거시경제에서의
행동

7장에서는 정서가 경제적·재무적 의사 결정에서 하는 역할을 들여다보았다. 이런 정서적·심리적 요인을 총체적으로 바라보면, 이 사회-심리적 영향이 우리의 집단적 행동을 어떻게 추동하는지 분석하는 새로운 거시경제 모형을 발전시킬 실마리를 찾을 수 있다. 거시경제의 단위 참가자로서 우리 모두의 경제적 행동은 정책 입안자들에게 중대한 사안이지만 가장 오해되는 경제학 분야이기도 하다. 2007~2008년 금융 위기 이후로 전통 거시경제 모형의 신뢰도가 한풀 꺾였다. 이 장에서는 행동경제학자들이 참신한 거시경제학 이론의 발전과 새로운 유형의 행동거시경제학 데이터의 수집에 어떻게 기여할 수 있는지 살펴본다.

행동거시경제학은 비교적 덜 발전한 분야인데, 그 이유는 몇 가지 중요한 제약 때문이다. 사람마다 성격이 제각각이고 저마다 다른 기분과 정서를 경험할 뿐 아니라 다양한 어림짐작을 이용하고 훨씬 다양한 편향을 일으키며 복잡한 방식으로 결정하기에 이 사람들의 선택을 합치기란 여간 힘든 일이 아니다. 그래서 행동경제학자들은 소비자, 노동자, 기업인, 정책 입안자 등의 미시경제적 행동에 중점을 두는 경향이 있다. 심지어 이조차도 수월한 일이 아니다. 앞에서 설명했듯 성격, 기분, 감정을 측정하기가 쉽지 않기 때문이다. 따라서 분석 작업은 행동거시경제학자들에게 어마어마한 난제인데, 이는 개인이 거시경제 내에서 상호 작용하는 다양하고 복잡한 방식으로 인해 행동 측정의 문제가 뒤죽박죽이 되기 때문이다.

우리의 선택을 모조리 합치면 고용, 실업, 산출량 및 생산량 증가, 인플레이션, 이자율을 비롯해 우리가 매일같이 접하는 거시경제학 뉴스 기사의 헤드라인 변수들에 영향을 미친다. 기분과 정서는 우리 모두의 총체적 후생에 영향을 미친다. 정책 입안자들은 이 사실을 나날이 실감하고 있으며 이런 통찰을 담을 수 있는 새로운 거시경제적 정책 목표를 설계하고 있다. 거시경제는 더는 경제학자의 독무대가 아니다. 심리학, 정신의학, 사회학, 의학, 공중 보건에서의 통찰은 한 나라의 후생이 국민의 금전적 여건으로만 결정되는 것이 아님을 보여준다. 이 장 후반부에서는 이런 주제들을 살펴볼 것이다.

거시경제의 심리학

행동거시경제학은 낙관주의와 비관주의 같은 사회적·심리적 요인이 거시경제 변동의 이해에 어떻게 기여하는지에 주목한다. 기업가들은 기분과 사업적 확신의 범경제적 변동에 휘둘릴 때가 많은데, 이는 기업이 얼마나 빠르게 성장하는지, 기업가들이 새 사업 계획에 기꺼이 투자하는지 여부에, 나아가 거시경제적 산출과 성장에 영향을 미친다. 재계가 낙관적으로 느끼면 이것은 자기 충족적 예언이 되어 국가 전체의 산출량을 끌어올릴 수 있다.

시간을 대하는 태도도 중요한데, 그 이유는 사람들이 오늘 소비할지 내일을 위해 저축할지 결정하는 데 따라 거시경제가 변동하기 때문이다. 소비자가 진득한가 성급한가는 오늘 소비하는 성향인가 저축하는 성향인가를 좌우한다. 소비자들이 진득하여 더 많이 저축한다면 이렇게 생긴 자금으로 기업가들이 새 투자 계획을 추진할 수 있다. 반면에 소비자들이 성급하여 더 많이 소비한다면 소비 수요를 충족시키려고 기업들이 생산량을 늘리면서 단기적으로 경제 활동이 활발해질 수 있다. 기업가들은 향후 기업의 성장에 투자를 할지 여부를 결정해야 한다. 이 모든 결정을 합치면 거시경제 전체에 중대한 영향을 미칠 수 있다.

우리의 심리도 미래에 대한 태도와 상호 작용한다. 정서와 기분은 미래 지향적 결정을 내리는 성향을 좌우한다. 희망과 낙관주의는 자신감과 더불어 경제를 추동하는데, 한 가지 이유는 경제의 생산 능력을 다지는 데 핵심적 역할을 하는 기업가들이 자신감과 분위기의 변화에 쉽게 휘둘리기 때문이다. 유럽연합 탈퇴 여부를 정하는 2016년 영국 국민 투표가 이를 뚜렷이 보여주었다. 탈퇴파가 승리하자, 많은 잔류파는 —영국의 유력한 기업인과 경제학자는 대부분 잔류파였다—지독한 비관주의에 빠졌으며, 이는 즉각적으로 거시경제에 심각한 영향을 미쳤다. 투표 이후의 경제적·정치적·재정적 불확실성과 더불어 파운드화가 급락했으며 많은 투자가가 영국에서 발을 뺐다. 영국 경제에 대한 부정적 영향은 금세 체감되었다.

우리가 진득한지 성급한지, 낙관적인지 비관적인지는 미래에 대해 긍정적인지 여부를 좌우하며, 이는 다시 우리가 얼마나 진득한지 성급한지에 영향을 미친다. 실험심리학자 탈리 샤롯(Tali Sharot)은 우리가 낙관주의적 성향을 타고난다는 사실을 밝혀냈다. 우리는 지나치게 낙관하는 경향을 진화시켰으며 대다수의 건강한 사람들은 낙관주의 편향에 빠지기 쉽다. 유럽연합 국민 투표도 이런 성향을 보여주었다. 유럽연합 잔류에 표를 던진 사람들 중 상당수는 투표 결과에 놀람과 충격을 표했는데, 몇 주간 치러진 여러 차례의 여론 조사에서 탈퇴파가 (근소한 차로) 승리하리라 예측되었는데도 곧이듣지 않았던 것이다.

낙관주의 편향은 건설과 기반 시설에 대한 공공 투자에도 영향을 미친다. 정부의 사업 지출을 감독하는 영국 감사원에서 알아낸 사실이다. 2013년 영국 감사원은 건설 부문의 지나친 낙관주의에 대한 연구에 나섰다. 그랬더니 낙관주의 편향은 정부 사업의 비용 부풀리기와 관계가 있었다. 입안자들은 사업의 전망을 늘 현실적으로 내다보지는 못했기에, 비용을 과소평가하고 지연 가능성을 비현실적으로 낮잡았다.

경제학자 존 이프처(John Ifcher)와 호마 자르가미(Homa Zarghamee)는 실증적 도구 두 가지를 이용하여 낙관주의와 끈기의 연관성을 탐구했다. 두 사람은 미국 종합사회조사(US General Social Survey)에서 사람들이 행복에 대해 자기 보고한 결과를 분석했다. 마음 상태가 긍정적인 응답자는 끈기도 더 많았으며 자신이 "오늘만 사는 것처럼 살" 가능성이 적다고 답했다. 이프처와 자르가미는 사람들이 미래를 대하는 태도에 정서가 어떤 영향을 미치는지 알아내는 실험도 진행했다. 한 집단에는 행복한 동영상을 보여주었다(이를테면 스탠드업 코미디를 보도록 했다). 둘째 집단은 중립적 영상(이를테면 야생 동물과 자연 풍경)을 보게 했다. 그런 다음 모든 참가자에게 미래에 투자하려고 오늘 지불하는 것에 얼마나 가치를 두느냐고 물었다. 코미디를 본 집단은 더 많은 인내심을 발휘하여 둘째 집단에 비해 미래 투자의 가치를 더 높이 평가했는데, 이에 따르면 우리는 기분이 행복할 때 미래에 더 관심을 가지게 되는 듯하다.

초창기 행동거시경제학자들: 카토나, 케인스, 민스키

정서를 거시경제의 동인으로 보아 주목하는 것은 새로운 현상이 아니다. 조지 카토나(George Katona)는 경제심리학의 창시자 중 한 명으로, 그의 통찰 중 상당수는 그 현대판인 행동거시경제학과도 일맥상통한다. 그는 정서 요인(이를테면 불안이나 도취)이 표준 거시경제학 모형에서 담아내지 못하는 방식으로 소비자 정서, 투자자 확신, 총수요의 변동을 이끌어낼 수 있다고 주장했다.

존 메이너드 케인스도 심대한 영향을 미쳤다. 1936년작 『고용, 이자, 화폐의 일반 이론The General Theory of Employment, Interest and Money』 12장에서 케인스는 거시경제를 추동하는 두 가지 주요 동인인 투기자와 기업가를 묘사한다. 두 집단은 성격이 대조적이며 정서의 영향을 달리 받는다. 금융 투기자는 금융 수익을 추구하며 금융 자산을 사고팔아 이익을 극대화하고 싶어한다.

케인스는 주식 시장에서 투기자가 벌이는 행동을 분석하는 데 초점을 맞췄다. 금융 기술이 빠르게 성장하면서—특히, 1980년대 이후로—오늘날에는 위험이 따르는 금융 자산이 주식말고도 많지만, 케인스의 기본적 논리는 현대 금융 시장에도 적용된다. 주식 시장은 유동성이 있는데, 이는 기업가들이 생산 능력을 확충하도록 자금을 공급한다는 점에서는 유익하지만 주식을 매우 쉽고 빠르게 사고팔 수 있다는 뜻밖의 문제가 있다. 금융 투기자는 단기적 이익을 노리기에 주가의 초단기 변동에만 주목한다. 한편 그들은 다른 투기자들이 어떻게 하는지에도 큰 영향을 받는다.

케인스의 가정에 따르면, 투기자들은 남들이 주식의 잠재 수익에 대해 더 잘 알지도 모른다고 믿기에 주식을 사고팔 때—특히, 시장 추세에 대한 확신이 없을 때—남들을 흉내낸다. 투기자들은 남들이 어떻게 생각하는지에 귀를 쫑긋 세우는데, 그 이유는 자신이 주식에 지불해야 하는 가격이 그에 따라 결정되기 때문이다. 투기자들은 (전체 기간에 산출할 수 있는 수익의 관점에서 본) 주식의 기본 가치에는 별 관심이 없다. 그보다는 매우 가까운 미래에 받을 수 있는 가격을 중시한다. 다른 투기자들의 견해가 무엇보다 중요한 것은 이 때문이다. 그들이 내일 주식을 살 수도 있는 사람들이니 말이다.

케인스는 타인의 견해에 대한 이런 집착을 신문사 '미인 대회'에 비유한다. 대회 참가자들의 과제는 예쁜 여성들의 사진을 평가하는 것이었는데, 그들은 자신이 생각하기에 가장 예쁜 여성이 아니라 자신이 생각하기에 '남들이' 가장 예쁘다고 생각할 것 같은 여성을 골라야 했다. 이것은 기본적으로 나머지 참가자들이 어떻게 판단했을지 추측하는 문제다. 다른 사람들의 결정에 대한 다른 사람들의 생각에 대한 판단을 내려야 하는 상황인 것이다. 거시경제와 관련하여 케인스는 투기자들이 이 방식을 따라 미인 대회 게임을 하면 그들이 산정하는 주식 가치는 실질적 믿음을 굳건한 토대로 삼을 수 없다고 주장한다. 이는 불안정성과 변동성으로 이어져 거시경제에 영향을 미친다. 분위기가 불안정하고 불확실하면 기업가들이 사업 확장에 투자하지 않으려 들기 때문이다.

케인스의 거시경제학에서 기업가들은 성격이 정반대다. 케인스가 보기에 기업과 기업가 정신은 돈을 버는 것이 전부가 아니다. 돈을 벌고 싶으면 투기를 하는 편이 상대적으로 크고 예측 가능한 보상을 얻을 수 있다. 투기자는 매우 단기간에 집중적으로 활동하기 때문이다. 투기자가 가장 주목하는 것은 하루, 일주일, 한 달의 주가 변동이다. 투기자는 몇 년이나 몇십 년에 걸친 주가 변동에는 별 관심을 두지 않는다(금융 투자의 구루 워런 버핏은 예외다).

기업가들이 맞닥뜨리는 과제는 투기자보다 훨씬 까다롭다. 그들은 장기적 관점에서 더 신중하게 판단해야 하는데, 미래가 무척 불확실할 수 있으므로 이는 쉬운 일이 아니다. 완벽하게 합리적인 기업가가 있어서 자신의 투자 결정을 오로지 수학 계산에만 의존해야 한다면 그는 자신의 사업에 거의 투자하지 않을 것이다. 미래가 불확실하기에 —특히, 혁신적 사업에서는— 1년 뒤, 5년 뒤, 10년 뒤에 자신의 사업이 얼마나 승승장구할지 예측하기란 힘든 일이다. 기업가들이 미래에 대한 불확실성과 두려움을 이겨내는 데는 다른 무언가가 있다. 그것은 **야성적 충동**(animal spirit)이다. 야성적 충동은 앞에서 탈리 샤롯 등이 분석한 낙관주의 편향의 관점에서 부분적으로 이해할 수 있다. 고대 로마에서 검투사를 전문으로 치료한 그리스인 의사 갈레노스가 처음 발전시킨 개념인 **동물 영기가** 바로 **야성적 충동**이다. 갈레노스는 동물 영기가 우리 몸속의 신경생리 구조를 행동과 연결한다고 묘사했다. 그의 개념은 히포크라테스의 4체액설의 토대가 되었다(체액은 흑담즙, 황담즙, 혈액, 점액으로 나뉘며 각 체액은 각각 특정 기질—우울질, 담즙질, 다혈질, 점액질—로 표출된다).

케인스의 '야성적 충동'은 다혈질과 연결되는데, 이것은 활동적이고 무언가 긍정적인 일을 하려는 욕구와 통한다. 고대에서 현대로 훌쩍 건너뛰면 갈레노스의 동물 영기는 기업가들의 야성적 충동과 관계된 자연적 낙관주의를 설명할 수 있을지도 모른다. 이 충동은 기업가들이 미래에 대해 확신을 느껴 사업 확장에 투자하도록 밀어붙인다. 그런데 이것이 거시경제와 무슨 상관이 있을까? 케인스는 기업가의 활동과 투기자의 활동 사이의 균형이 산출, 고용, 실업, 성장 같은 거시경제 변수에 대한 주식 시장의 영향을 결정한다고 설명한다. 하지만 야성적 충동은 불확실성과 불안정성에 의해 쉽게 사그라든다. 그래서 금융 시장이 오르락내리락하면 기업가들은 불안감을 느껴 미래를 위한 사업 확장에 투자하려 들지 않는다.

금융 체계는 기업가와 투기자를 연결한다. 기업가가 장기적으로 기업을 본궤도에 올리려면 금융 시장에서 자금을 융통해야 하는데, 금융 시장은 기업가에게 필요한 자금을 공급할 수 있다. 케인스는 이 추세가 균형을 이루면 만사가 잘 풀릴 것이라고 주장한다. 투기는 꾸준한 사업 물결에 떠다니는 거품에 불과하리라는 것이다. 하지만 투기가 불안정한 소용돌이로 바뀌면 거시경제를 흔들고 변동성과 불확실성을 증폭시킨다.

현대 행동거시경제학: 야성적 충동 모형

앞에서 언급했듯, 개인의 결정들을 모아 거시경제 현상을 설명하려는 시도는 행동거시경제학자에게는 유난히 까다로운 과제다. 개인을 추동하는 온갖 복잡한 요인과 성격을 종합해 일관된 총체적 거시경제 모형을 만드는 것은 행동거시경제학자에게 여간 힘든 일이 아니다. 기존 거시경제학은 모든 노동자와 모든 기업이 같고 결정도 똑같은 방식으로 내린다고 가정함으로써 이 난점을 피해간다. 또한 모든 사람은 완벽히 합리적이기에, 저마다 다른 사람들이 거시경제에서 어떻게 상호 작용하는지 묘사하는 일도 비교적 수월하다. 표준 거시경제학 이론에서 묘사하는 것은 한 개인—**대표적 행위자**(representative agent)—으로, 그가 결정을 내리는 방식은 비교적 단순하다. 많은 표준 경제학 이론에서 대표적 행위자는 모든 기업이나 모든 노동자의 행동을 대표한다. 대표적 행위자의 행동을 곱하면 거시경제 모형이 된다. 이 분석에서 미시경제학 원리는 거시경제의 탄탄한 토대다.

하지만 행동거시경제학자들은 합리적인 대표적 행위자라는 수단을 똑같은 방식으로 자신 있게 종합하지 못하는데, 그이유는 성격과 감정의 차이, 행위자들 간에 일어나는 상호 작용의 차이를 포착하는 일이야말로 행동경제학의 본질이기 때문이다. 행동경제학에는 대표적 행위자가 단 한 명도 없다. 행

동거시경제학자들은 그 대신 총체적 현상—이를테면 기업의
확신과 소비자의 확신—에 초점을 맞춘다.

현대 행동거시경제학자들이 모형을 수립하는 또다른 방
법은 행동의 구체적인 심리적 동기에 주목하는 것이다. 야성
적 충동 개념은 이 작업에 종종 동원되지만 케인스나 갈레노
스와는 다르게 정의된다. 애컬로프와 실러(Robert J. Shiller)는
『야성적 충동』에서 거시경제와 금융 체계에 영향을 미치는 여
러 야성적 충동을 묘사한다. 야성적 충동에 대한 두 사람의 정
의는 케인스의 정의보다 훨씬 느슨하다. 기본적으로 두 사람
은 야성적 충동을 다양한 심리 현상과 동일시하는 반면에 케
인스의 개념은 생산 능력을 확충하는 데 투자하는 기업가의
직감에 더 가깝다. 애컬로프와 실러가 말하는 야성적 충동은
기업가의 야성적 충동을 넘어서 다섯 가지 야성적 충동을 포
함하는데, 각각 나름의 불안정화 요인—자신감, 공정 선호,
부패, 화폐 환각, 스토리텔링 등—이 있다.

그 밖에도 야성적 충동을 중심으로 정교한 수학 모형을 발
전시킨 현대 행동거시경제학자들 또한 케인스가 갈레노스
의 개념을 거시경제학에 적용한 애초의 정의와 다른 정의를
채택했다. 로저 파머(Roger Farmer), 파울 더 흐라우어(Paul de
Grauwe), 마이클 우드퍼드(Michael Woodford) 같은 거시경제
학자들은 정교한 수학 기법을 활용하여 야성적 충동을 모형

화한다. 이들은 세계 거시경제를 활황 상태에서 침체 상태로
몰아가는 무작위 변동(**무작위 잡음**random noise)을 야성적 충
동으로 규정한다.

금융과 거시경제

행동거시경제학자들은 금융과 금융 불안정에 미치는 영향
에도 주목한다. 많은 주류 거시경제학 이론은 금융 부문을 무
시하지만, 2007~2008 금융 위기와 뒤이은 전 세계 경제 침체
이후로 경제학자와 정책 입안자는 금융 부문이 거시경제 실
적에 얼마나 중요한지 새삼 실감하고 있다. 논의의 출발점으
로 삼을 만한 것은 투기적 거품의 심리학이다. 역사에 기록된
투기적 거품들은 냉철한 합리적 행위자가 자산 매입의 상대
적 비용과 편익을 평가할 때 신중한 수학적 계산을 한다는 표
준 경제학의 시각에 들어맞지 않는다. 금융 역사를 통틀어 가
장 극적인 장면 중 하나인 튤립 파동(Tulipmania)은 투기적 거
품이 얼마나 불안정하고 비합리적일 수 있는지 보여준다. 네
덜란드에서는 1636년 11월을 시작으로 고작 3~4개월 동안
튤립 알뿌리 수요가 폭등했다. 희귀한 알뿌리의 경우는 가격
이 6000퍼센트까지 치솟았다. 그중에서도 가장 귀한 알뿌리
는 이국적인 품종 셈페르 아우구스투스(*Semper Augustus*, 영원한

황제)로, 바이러스 덕분에 색다른 얼룩무늬가 생겼으며 아름다웠다. 파동이 정점에 이르렀을 때는 셈페르 아우구스투스 알뿌리 하나의 가격이 암스테르담 도심의 3층 건물과 맞먹었다. 하지만 폭등은 폭락으로 이어졌다. 1637년 2월이 되자 대다수 알뿌리는 헐값에도 팔 수 없었으며 많은 튤립 투기꾼이 알거지가 되었다. 튤립 파동은 유일무이한 사건이 아니었다. 18세기 영국 남해회사 거품, 1929년 대공황으로 끝난 미국의 투기 열풍, 1990년대 후반의 닷컴 버블, 2007~2008년 전 세계 금융 위기를 일으킨 서브프라임 사태 등 역사를 통틀어 수많은 투기적 거품이 일었다가 꺼졌다.

다양한 경제학자들이 이런 종류의 금융 불안정을 설명하는 케인스의 아이디어에 영감을 받아 더 풍성한 금융 시장 모형을 발전시켰는데, 주목할 만한 예로 하이먼 민스키(Hyman Minsky)를 들 수 있다. 민스키는 앞에서 설명한 금융 불안정을 설명하기 위해 신용 순환 이론을 발전시켰다. 민스키의 일부 연구는 2007~2008년 금융 위기와 그로 인한 전 세계 경기 침체라는 실질적 영향을 예측하는 데 주효했다. 케인스의 경우와 마찬가지로, 취약한 금융 체계와 이 취약성이 거시경제 전반에 미치는 영향에 대한 민스키의 분석에서는 정서적 요인이 중요한 역할을 한다. 민스키는 공포와 공황의 순환이 경기 순환을 추동하고 금융 체계의 취약함이 극단적 변동에서 핵심적 역할을 하는 과정을 설명했다. 그의 주장에 따르면 경기 순환은 처음에 투기적 도취와 기업가의 지나친 낙관주의라는 물결에 휩쓸린다. 은행은 대출을 지나치게 늘리고 기업은 차입을 지나치게 늘린다. 결국 이 호황에 탄탄한 토대가 없음을 누군가 깨닫고 금리가 오르기 시작하고, 호황 국면만큼이나 야단스럽게 불황 국면이 찾아온다.

금융 투기는 금융 전반의 불안정으로 이어지고 이는 거시경제에 악영향을 미칠 수 있다. 할리우드가 이런 메시지를 대중화했는데, 최근의 예로는 영화 〈빅쇼트The Big Short〉가 있다. 이 영화는 신용이 불량한 사람들에게 다양한 모기지를 떠넘겨 돈을 벌도록 설계된 복잡한 새 금융 상품들이 개발되면서 금융 체계가 엄청나게 취약해졌음을 금융 거래인들이 알아차리는 이야기다. 이 수법은 **서브프라임 모기지 사태**(sub-prime mortgage crisis)의 시발점이었다. 거래인들은 비록 거액을 벌었지만 그 대가로 수많은 사람들이 집과 일자리를 잃을 것임을 깨달았다. 금융 불안정은 미국 경제뿐 아니라 전 세계 거시경제 실적에 엄청난 피해를 끼치기 때문이다. 그림 6에서 보듯, 사람들이 모기지를 감당하지 못하면 신용 카드 빚을 더 지게 되고 이로 인해 미국뿐 아니라 전 세계의 은행과 금융 기관이 타격을 입는다.

6. 서브프라임 모기지 사태.

서브프라임 모기지 사태

이 개념을 발전시킨 것은 몇 명의 경제학자였다. 로버트 실러는 금융 시장의 '비이성적 과열(irrational exuberance, 미국 연방준비제도이사회 전 의장 앨런 그린스펀이 만든 신조어)'과 이것이 고용, 투자, 산출, 경제 성장에 미칠 영향에 대해 많은 글을 썼다. 허시 셰프린(Hersh Shefrin)은 호황기 금융 시장의 비이성적 과열이 두려움, 희망, 탐욕의 상호 작용에서 비롯된다고 주장한다. 금융 불안정을 일으키는 요소 중 상당수는 지나친 위험 감수와 관계가 있으며 여기에는 정서가 중요한 역할을 한다. 이는 7장에서 살펴본 내장감각적 요인에 대한 조지 로웬스타인과 여러 연구자의 통찰로 이어진다. 로웬스타인은 경제학자들의 통념과 달리 위험에 대한 느낌은 단순하고 안정된 선호가 아니라 우리의 정서 상태와 연관성이 있다고 주장한다.

기분과 경기 순환

행동거시경제학자들이 취하는 또다른 관점은 자신감과 사회적 기분이 거시경제 산출에 미치는 영향을 분석하는 것이다. 사람들은 공통의 요인에 의해 기분이 좌우될 수 있다. 이를테면 대다수 사람들은 날이 화창하면 활기찬 기분이 된다.

경제학자들은 이 통찰을 활용하여 경기 순환의 여러 국면에서 보이는 기분과 거시경제 변동의 관계를 설명했다.

마크 캠스트라(Mark Kamstra) 연구진은 계절성 우울 데이터를 활용하여 겨울철과 여름철에 금융 시장이 다르게 움직인다는 가설을 검증했다. 계절성 우울은 계절성 정서 장애(Seasonal Affective Disorder, SAD) 빈도를 활용하여 측정할 수 있다. SAD를 겪는 사람은 신중을 기하고 위험을 회피할 가능성이 크다. 이 관계가 금융 시장 거래인들에게도 적용된다면, 그들은 겨울에는—또는 햇빛이 몇 시간 비치지 않는 나라에서 산다면—위험을 더 많이 회피할 것이다. 캠스트라 연구진은 밤의 길이, 구름의 양, 기온이 모두 주식 시장 성적에 큰 영향을 미친다는 사실을 발견했다. 그들은 계절성 우울이 거래인의 위험 회피를 증가시킨다고 결론 내렸다. 캠스트라가 제시한 증거는 데이비드 허슐라이퍼(David Hirshleifer)와 타일러 섬웨이(Tyler Shumway)의 비슷한 연구(2003)로 확장되었다. 두 사람은 주식 시장 성적이 일조 시간과 양(陽)의 상관관계가 있음을 밝혀냈다.

일부 연구자는 집단적으로 겪는 기분이 핵심적 거시경제 동인이자 궁극적 설명 변수라고 믿는다. 사회경제학연구소(Socionomics Institute)의 로버트 프렉터(Robert Prechter) 연구진은 이 통찰을 금융 시장 변동 분석에 적용한다. 프렉터는 사회적 기분(social mood)이 거시경제 추세의 궁극적 요인이자 가장 강력한 동인이라고 주장한다. 프렉터는 금융 시장 변동과 실질 경제 성과의 관계에 대한 케인스의 분석을 이어받아 주식 시장이 무의식적인 사회적 기분을 반영한다고 주장한다. 그에 따르면 이 사회적 기분은 거시경제 순환의 활황 국면을 추동한다. 사람들이 활기차고 낙관적으로 느낄 때는 긍정적인 사회적 기분이 널리 영향을 미친다. 음악은 흥겨워지고 치마 길이는 짧아지고 현직 정치인은 유리해진다. 주식 시장이 호황이면 현직 대통령의 재선 가능성이 훨씬 커진다. 하지만 사회적 기분이 부정적이고 비관적이면 금융 시장이 불안정하고 여론이 보수적이고 음악이 우울해진다. 거시경제가 사회적 기분에 반응하는 것은 사회적 기분이 소비자의 결정과 기업의 사업 계획을 좌우하기 때문이다. 부정적인 사회적 기분은 정부의 정책 입안에도 영향을 미친다. 정부는 배타적으로 바뀌어 보호 무역주의 같은 정책을 선호한다. 부정적인 사회적 기분의 이 모든 측면은 거시경제 불황에 일조한다.

행복과 후생

행동경제학의 또다른 주제는 전혀 다른 관점을 취한다. 행동경제학자들은 거시경제 성과를 정의하고 측정하는 새로운 방법을 개발하고 있다. 전통적으로 정부 부처 통계 담당자들은 거시경제 성과를 전반적으로 측정하기 위해 정보를 수집하는데, 화폐로 측정한 산출/수입(이를테면 가격과 평균 임금)과 더불어 (피고용자 수 대 미고용자 수를 비롯한) 객관적 성과 지표를 활용한다.

반면에 행동경제학자들은 국내 총생산(GDP)으로 측정되는 산출·생산의 화폐 가치 측면에서 나타나는 거시경제 성과의 변동에만 초점을 맞추는 것이 아니라 행복과 후생의 심리적 측면도 들여다본다.

행복과 후생을 측정할 때의 한 가지 문제는 자신의 행복에 대한 인식이 맥락에 의존한다는 것이다. 이는 4장과 5장에서 살펴본 기준점 의존 개념으로 연결된다. 행복과 후생의 측정은 대부분 설문 조사를 바탕으로 하는데, 행복에 대한 자기 보고는 엉뚱한 순간에 찍은 스냅 사진 꼴이 될 수 있다. 자신이 얼마나 행복한지(또는 아닌지) 판단하기 전에 제시된 질문이 **점화** 질문으로 쓰일 수 있기 때문이다. 이를테면 학생들에게 최근 사건들에 대해 생각해보라고 하면 행복에 대한 자기 보고가 조작될 수 있다. 어느 실험에서는 학생들에게 "어젯밤에 데이트를 했나요?" "잘됐나요?" 같은 점화 질문을 던졌다. 이 질문들은 학생들이 전날 밤 어떻게 지냈는지에 따라 특정 정서를 느끼게 점화하도록 설계되었다. 행복에 대한 학생들의 자기 보고는 질문의 순서에 따라 달라졌다. 간밤에 어땠는지에 대한 질문 '후'에 행복에 대한 질문을 받은 학생들은 행복 수준을 다르게 보고했다. 전날 밤이 형편없었으면 학생들은 행복 수준이 훨씬 낮다고 보고했으며 전날 밤이 좋았으면 행복 수준이 비교적 높다고 보고했다. 이에 반해 간밤에 어땠는지에 대한 질문 '전'에 행복에 대한 질문을 받은 학생들의 자기 보고는 간밤의 사건에 영향을 덜 받았다. 최근 사건을 기억하도록 하면 학생들은 자신의 행복에 대한 인식이 달라졌다. 그렇기에, 정책 입안자들이 후생의 정의를 넓히고 싶어하는 것은 당연하지만 행복에 대한 설문 조사를 활용하는 것은 문제의 소지가 있다. 행복 수준에 대한 자기 보고는 단기적 요인에 의해 왜곡될 수 있기 때문이다.

거시경제 성과에 대한 측정의 폭을 넓히는 방향으로 초점이 바뀌는 것에 발맞춰, 런던의 정치·경제 싱크탱크 레가툼연구소(Legatum Institute)는 우리의 후생, 행복, 삶의 만족도가 어떻게 경제적·재무적 요인과 더불어 다양한 사회심리적 요인에 좌우되는지를 탐구한 문헌을 꼼꼼히 조사하여 2014년에 보고서를 발표했다. 또한 이 보고서는 행복과 후생을 측정하는 새로운 자료원을 분석하는 것과 더불어 탄탄한 계량경제학 기법을 활용하여 이 데이터를 분석하는 방법에도 통찰을 제시한다.

행복과 후생에 대한 행동경제학자들의 관심은 전 세계 거시경제 데이터에 대한 새로운 자료원의 개발로 이어졌다. 자살률, 정신병, 스트레스 질환 같은 공중 보건 데이터도 집단적 기분의 유용한 지표가 될 수 있다. 다양한 국가·국제 통계 기구가 행복, 후생, 삶의 만족도에 대한 데이터를 수집하고 있다. 고용과 실업에 대한 표준 노동력 설문과 더불어 주관적 후생에 대한 질문을 포함하는 인구 주택 총조사도 그중 하나다.

영국 통계청은 인구 주택 총조사에 삶의 만족도에 대한 설문을 포함하고 있다. 중국이나 프랑스 같은 다른 나라들도 비슷한 데이터를 수집하고 있으며 OECD는 국제적 데이터 집합을 취합하고 있다. 이 새로운 데이터는 거시경제 성과를 더 섬세하고 포괄적으로 그려내는 거시경제 분석으로 이어질 잠재력을 가지고 있다. 아마도 가장 영향력이 큰 데이터는 세계은행에서 해마다 발표하는 「세계 행복 보고서World Happiness Report」로, 행동거시경제학자들에게는 행복의 거시경제적 추세가 시간과 공간에 따라 어떻게 달라지는지 파악하는 데 유용한 데이터를 제시하며, 이 새로운 행복 및 후생 수치를 기존의 거시경제 성과 수치와 연관 지을 기회를 제공한다.

기술 혁신도 더 나은 행동거시경제 데이터를 수집하는 데 한몫한다. 행동 연구자들은 이제 대규모 온라인 설문 조사를 실시할 수 있으며 문자 메시지와 소셜 미디어(이를테면 구글 검색, 트위터 피드, 페이스북 '좋아요')를 통해 데이터를 수집할 수도 있다. 이런 종류의 '빅데이터'가 성장하면서 행동거시경제학자들의 데이터 집합들에 존재하던 간극을 메울 가능성이 보인다.

주관적 데이터를 활용하는 것은 문제의 소지가 있지만, 이 분야는 경제학자, 통계학자, 정부의 협력하에 점차 신뢰를 키워가고 있다. 후생 데이터를 파악하는 것도 쉬운 일이 아니며, 이 새로운 통계의 장단점을 평가하려면 훨씬 많은 연구가 필요하다. 또한 행동거시경제학자들이 행복과 후생을 더 잘 이해하고 측정할 수 있는 다른 방법들도 탐구해야 할 것이다.

제 9 장

경제적 행동과
공공 정책

　　최상의 상황에서라면 정책 입안자는 경제학을 활용하여 개개인과 경제 전체 둘 다의 다양한 경제적·재무적 문제를 해결하는 정책을 설계할 수 있다. 기존 경제 정책들은 시장 실패를 해결하는 데 중점을 두어왔다. 시장이 제대로 돌아가지 않고 가격이 상대 수요 및 공급에 대한 정보를 올바르게 반영하지 않으면 정부 정책 기관들이 나서서 그 결과로 나타나는 문제를 해결할 수 있다. 이 장에서는 미시경제 정책에 초점을 맞춰 행동공공정책의 핵심적 통찰과 근거를 살펴본다. 일관된 행동거시경제 정책 수단을 개발하는 것은 훨씬 까다로운 과제이며, 적어도 지금까지는 제대로 시도된 적이 없다.

미시경제 정책

전통적으로 조세와 보조금은 정부와 정책 입안자가 시장의 기능을 개선하려고 이용하는 주된 정책 수단이었다. 오랜 전통을 자랑하는 사례로 흡연이 있다. 흡연이 공중 보건 체계를 압박하여 납세자에게 비용을 발생시키면 담배에 과세하는 것이 유익하다. 흡연의 유인을 줄일 뿐 아니라 정부가 보건 체계에 투여할 세입을 확보할 수 있기 때문이다. 이에 반해 (이를테면) 특정 지역에서 산업이 쇠퇴하고 있다면 보조금을 이용하여 그 지역의 경제 활동을 증진할 수 있다.

하지만 조세와 보조금에는 다양한 현실적·기술적·물류적 한계가 있기 때문에, 현대 경제 정책은 더 폭넓은 경제 수단을 동원한다. 그중 하나는 노벨상 수상자 로널드 코스(Ronald Coase)의 시장 거래 분석에서 영감을 얻었다. 코스의 통찰을 바탕으로 인위적 시장 시스템이 설계되었는데, 이 시스템은 가격이 수요와 공급을 불완전하게 반영할 때 나타나는 문제에 대응하기 위한 것이다. 이런 인위적 시장은 '시장 부재(missing market)'—시장 가격에 의해 배제되어 시장이 존재하지 않는 것—를 대체한다. 오염은 단순한 사례다. 기업이 공기나 물을 오염시킬 때 아무 조치도 취하지 않으면 기업은 공짜 오염 허가를 얻은 셈이 된다. 오염으로 인한 부정적 결과에 대해 누구에게도 보상할 필요가 없으니 말이다. 이런 경우에 오염에 대한 시장이 부재한다고 말할 수 있다.

코스의 통찰에 근거한 해결책은 인위적 시장을 만들어내는 것이다. 오염의 경우라면 사람과 기업이 오염시킬(또는 오염될) 권리를 사고팔 수 있는 배출권 거래 제도를 도입하는 방법이 있다. 이런 인위적 시장을 만드는 것은 간단한 일이 아니지만, 전체적으로 보면 조세나 보조금과 마찬가지로 개인의 행동보다는 시장 실패 및 제도 실패를 해결하는 방식이다.

행동공공정책이란 무엇인가?: 행동 변화를 위한 넛지

행동공공정책은 이런 문제를 다른 관점에서 들여다본다. 시장 실패에 주목하기보다는 **행동 변화**(behaviour change)에 초점을 맞춰 사람들을 더 효율적이고 생산적인 의사 결정으로 유도하여 사람들이 일상적인 결정과 선택을 내리는 방식을 바꾸는 것이다.

이 분야의 기념비적 저서는 세일러와 선스타인의 『넛지Nudge』다. 또한 영국 정책 입안자들은 「마인드스페이스Mindspace」 보고서를 종종 인용하는데, 기본적 통찰은 『넛지』와 대동소이하다. 세일러와 선스타인은 행동경제학과 심리학 일반의 방대한 문헌, 특히 4장과 5장에서 다룬 선택 과부하, 정보 과부하, 어림짐작, 행동 편향 등의 개념을 동원한다. 두 사람은 정책 입안자들이 효과적인 정책 수단을 설계하려면 사람들의 의사 결정을 좌우하는 어림짐작과 편향을 이해해야 한다고 주장한다. 그러면 사람들의 의사 결정 구조를 재설계할 수 있다는 것이다. 이 통찰을 바탕으로 세일러와 선스타인은 이른바 우리의 **선택 설계**(choice architecture)를 규명했다. 우리의 선택은 어떤 구조로 되어 있을까? 우리는 무엇을 하고 무엇을 살지 결정하기 전에 어떻게 정보를 처리할까? 의사 결정 과정은 재설계할 수 있을까?

세일러와 선스타인은 정책 입안자들이 선택 설계를 더 잘 이해하면 사람들이 더 효율적으로 결정할 수 있도록 정책을 재설계할 수 있으리라고 주장한다. 사람들에게 단순한 선택지를 제시하는 것, 점화와 넛지를 설계하여 사람들의 결정을 더 건설적이고 긍정적인 방향으로 이끄는 것, '좋은' 결정이 강화되고 '나쁜' 결정이 억제되도록 자주 피드백을 제공하는 것—이 모든 전략은 행동공공정책 입안자의 도구로 쓰인다.

세일러와 선스타인은 넛지를 이용하는 것이 정치적으로나 도덕적으로나 일종의 **자유주의적 개입주의**(libertarian paternalism)라고 주장한다. 사람들이 자신의 선택에 대한 권한을 보유하기에 자유주의적이지만 정부의 **넛지**를 받는다는 점에서는 개입주의적이라는 것이다. 말하자면 사람들에게 여전히 선택권이 있다는 의미에서는 자유주의적이고 넛지가 정부 개입이라는 의미에서는 개입주의적이다. 세일러와 선스타인은 넛지가 두 세계의 최선을 조합했다고 주장한다(비판자들은 두 세계의 최악을 조합했다고 말하지만). 조세와 보조금은 저마다 다른 사람들에게 비용과 편익을 부과한다. 대체로 일반인은 세금을 낼지 말지 선택할 수 없다(회계사에게 거액을 지불할 수 있는 사람과 기업은 선택권이 더 크겠지만). 우리는 보조금을 받을지 말지도 쉽게 선택할 수 없지만, 세일러와 선스타인은 사람들이 어느 정도 선택을 할 수 있도록 ─ 이를테면 디폴트 옵션(기본 선택지)을 영리하게 설계함으로써 ─ 넛지를 재설계할 수 있다고 주장한다.

넛지의 실제: 디폴트 옵션

넛지는 실제로 어떻게 쓰일까? 대체로 넛지는 디폴트 옵션(default option)의 조작을 바탕으로 삼는다. 디폴트 옵션은 4장과 5장에서 살펴본 특정한 행동 편향 ─ 현상 유지 편향 ─을 활용하는 데 쓰인다. 정책 입안자(또는 기업)가 디폴트 옵션(아무 조치도 취하지 않았을 때 자동으로 선택되는 옵션)을 정하면 이 디폴트 옵션을 고수하는 사람의 비율이 놀랍도록 커진다. 여기에는 여러 이유가 있다. 사람들은 현상 유지를 선호한다. 사람들이 디폴트 옵션에서 좀처럼 벗어나려 들지 않는 것은 선택을 바꾸는 일에 위험이 따르고/거나 노력이 들기 때문이다. 사람들은 디폴트 옵션을 무엇이 자신에게 최선인가에 대한 일종의 신호로 해석하는지도 모르겠다. 디폴트 옵션을 가장 건설적인 결정과 일치하도록 정하면, 더 많은 사람들이 (비록 수동적이긴 하지만) 그 결정을 내리도록 할 수 있다.

예를 들어보자. 장기 기증을 독려하는 것은 어느 나라에서나 골치 아픈 과제다. 장기는 공급보다 수요가 훨씬 많기 때문이다. 이 분야에는 정책 딜레마도 있지만—이를테면 장기 기증에 대가를 지급하는 것과 관련한 윤리적 문제—여기서는 행동공공정책 입안자들이 어떻게 대처할 수 있는지에 초점을 맞추겠다. 정책 입안자는 장기 기증이 기본값이 되도록 디폴트 옵션을 정할 수 있다. 장기 기증을 하고 싶지 않은 사람은 옵트 아웃(디폴트 옵션에 대해 비동의 의사를 표시하는 것—옮긴이)을 선택할 수 있으므로 개인은 선택의 자유를 유지한다.

디폴트 옵션은 연금 저축을 장려하는 데에도 쓰일 수 있다. 4장에서 베나치와 세일러의 '내일 더 저축하세요' 연금 방식을 살펴보았는데, 이것도 디폴트 옵션을 활용한 것이다. 피고용인들의 연금 저축 증액을 장려하기 위해 디폴트 옵션은 전체 임금의 고정 비율이 연금 기금으로 납부되도록, 또한 임금이 인상되면 납부액도 증가하도록 정해진다. 하지만 이것은 강제가 아니며 피고용인들에게는 선택권이 있다. 옵트 아웃을 선택할 수 있기 때문이다. 디폴트 옵션이 정책 입안자의 수단이자 넛지의 개입주의적 요소라면 옵트 아웃은 의사 결정자의 선택지이자 넛지의 자유주의적 요소다.

이런 넛지의 한 가지 문제는 상업적 기업에 악용되어 우리에게 피해를 입히는 경우도 많다는 것이다. 우리의 연락처를 수집하여 다른 기업에 팔아 가욋돈을 벌고 싶어하는 마케팅 회사는 연락처를 제삼자에게 제공하도록 허락했다는 사실을 우리가 알아차리지 못하도록 연락처 입력 양식을 설계할 수 있다. 그들은 우리의 선택 설계를 속속들이 알고 있다.

전환

4장에서 언급했듯, 전환을 꺼리는 문제도 디폴트 옵션과 관계가 있다. 우리는 에너지 공급 업체나 휴대폰 회사, 은행을 좀처럼 바꾸지 않는다. 심지어 그들이 제시하는 조건이 형편없어도 일편단심이다. 우리는 공급 업체를 전환하는 일에 굼뜨다. 영국의 에너지 전환과 관련하여 가스전력시장국(Ofgem, 영국의 에너지 시장 규제 기관)의 2016년 보고서에 따르면 소비자의 60퍼센트 이상은 연간 에너지 비용을 200파운드 절약할 수 있는데도 에너지 공급 업체를 교체하지 않는다. 전환 비율이 낮을 때의 문제는 기업에 대한 경쟁 압박이 약해진다는 것이다. 소비자에게 불리한 계약 조건을 제시하고도 고객을 잃지 않는다면 더 나은 계약 조건을 제시할 유인이 어디 있겠는가? 전환 비율이 낮은 것은 현상 유지 편향과도 관계가 있다. 정부 정책 입안자들은 공급 업체로부터 좋은 조건을 얻지 못할 때 우리가 더 자주 전환하도록 장려하는 정책을 늘리고 있다. 그들이 전환 증가를 유도하려고 설계하는 도구 또한 선택 설계를 더 잘 이해하는 데 초점을 둔다. 이를테면 쉽게 전환할 수 있도록 한다거나, 공급 업체 전환이 인지적으로 버겁지 않도록 선택 과부하 및/또는 정보 부하 문제를 줄인다거나 하는 식이다. 정책 입안자들이 전환 증진을 점점 강조하면서 영국에서는 일부 성과도 나타났다. 이 정책들이 전환율 증가에 일조한다는 증거도 있다. 가스전력시장국 보고서에 따르면 2015년 가구의 에너지 공급 업체 전환율은 2014년보다 15퍼센트 높았다.

사회적 넛지

정책 입안자들이 고안한 또다른 강력한 넛지는 3장에서 약술한 개념들을 바탕으로 사회적 영향력에 대한 우리의 민감성을 활용한다. 에너지 부문의 중요한 발견 중에는 가정 에너지 소비와 연관된 것들이 있는데, 그 바탕은 비교적 대규모의 학술 연구에서 발견된 사실들이다. 이를테면 웨슬리 슐츠 (Wesley Schultz) 연구진은 캘리포니아 가정들을 분석했다. 세 대주들에게 제시된 정보는 두 가지 유형이었다. 첫째 유형의 정보는 지역 내 다른 가정들의 에너지 소비에 대한 것이었다. 이는 각 가정이 자신들의 에너지 소비를 비교할 수 있는 사회 적 기준점 역할을 했다. 선택이 단순화되도록 선택을 설계한 다는 세일러와 선스타인의 개념을 활용하기 위해, 지역 평균 과 비교한 가정 소비량에 대한 사회적 승인/불승인은 소비량 이 평균보다 낮으면 웃는 얼굴로, 평균보다 높으면 찡그린 얼 굴로 표시되었다. 둘째 유형의 정보는 에너지 소비를 줄이는 방법에 대한 안내였다.

이런 서로 다른 정보는 어떤 영향을 미칠까? 다양한 유형의 정보가 효과 면에서 얼마나 차이가 있는지 검증하기 위해 한 실험 참가자 집단(대조군)에는 에너지 절약 도움말만 제시하 고 또다른 집단(실험군)에는 지역 평균에 대한 정보도 함께 제 공했다. 연구자들은 사회적 넛지가 큰 효과를 발휘한다는 사 실을 발견했다. 사회적 정보를 제공받은 실험군 가정들은 에 너지 사용량을 평균 쪽으로 조정할 가능성이 대조군 가정들 보다 컸다. 에너지 소비량이 지역 평균보다 높다는 말을 들으 면 소비량을 줄인 것이다. 연구자들은 그 이유를 가정들이 저 마다의 선택을 사회적 규범, 즉 기준점 쪽으로 조정하기 때문

7. 에너지 절약을 위한 사회적 넛지.

이라고 추론했다. 다양한 유사 연구에서도 비슷한 결과가 나왔으며, 이 통찰은 전력·난방비 고지서를 새로 디자인하는 데—이를테면 그림 7의 오파워(OPower)에서 디자인한 고지서처럼—반영되었다.

하지만 정책 입안자가 명심해야 할 핵심적 교훈은 의도하지 않은 결과에 주의해야 한다는 것이다. 여러 연구에서 **부메랑 효과**(boomerang effect)가 관찰되었는데, 이것은 에너지 소비량이 지역 평균보다 낮은 가정들이 사회적 정보에 고무되어 사용량을 (줄이는 게 아니라) 늘리는 경향이 있었다는 것이다. 가정 간 에너지 사용량 분포가 대칭적이라면, 에너지 소비량을 줄인 가정과 같은 수의 가정이 에너지 소비량을 지역 평균 쪽으로 상향 조정할 것이다. 이렇게 된다면 평균 소비량은 달라지지 않고 정책은 효과를 거두지 못할 것이다.

그 밖의 정책 아이디어

행동공공정책 원리들은 점점 그 밖의 공공 정책 영역으로 확장되고 있다. 이를테면 에너지 부문에서 사회적 넛지에 대해 발견한 통찰은 조세에도 접목되었다. 3장에서는 사회적 영향력을 세무 당국에서 어떻게 활용할 수 있는지 살펴보았는데, 영국 국세청은 지각 납세자들에게 편지를 보내 다른 사람들이 제때 세금을 납부했음을 알려주는 방안을 시도했다. 여기에 담긴 아이디어는 사회적 압력을 설득 수단으로 쓴다는 것이다. 이런 유형의 사회적 넛지는 영국뿐 아니라 다른 나라들에서도 성과를 거뒀다. 경쟁 정책과 금융 서비스 같은 분야에서도 정책 입안자들이 디폴트 옵션 등의 기법을 활용하여 기존 정책을 보완하고 있다.

하지만 기존 경제 정책을 간과해서는 안 된다. 가장 효과적인 정책 아이디어는 표준 경제학의 정책 도구에 행동경제학의 정책 도구를 접목하는 것이다. 행동경제학의 통찰과 고전적 접근법을 종합해 효과적 인센티브를 설계하는 방법도 있다. 이를테면 그림 8에서 보듯, 몇 해 전 영국에서는 비닐봉지 쓰레기 문제를 해결하기 위해 비닐봉지에 부담금을 물리는 정책을 추진했다.

비닐봉지 쓰레기는 심각한 환경 문제이며 야생 동식물, 환경, 인간의 건강에 엄청난 피해를 입힌다. 우리가 무심코 버리는 비닐봉지의 작은 부스러기들로 수돗물이 오염되고 있다는 증거가 있다. 비닐봉지 제조 과정에서도 오염과 재생 불가능 희소 자원의 남용으로 인한 피해가 발생한다. 2015년 영국 정부가 비닐봉지에 5펜스의 부담금을 도입하자 비닐봉지가 집보다 값어치가 있다는 농담이 돌았다. 사람들이 집에 비닐봉지를 엄청나게 쟁여두었는데, 이제 한 장당 5펜스가 되었으니

8. 비닐봉지 쓰레기.

말이다.

더 중요한 사실은 5펜스의 부담금에서 보듯 행동경제학의 통찰이 행동 변화를 유도하면서도 기존 경제 정책의 설계를 보완할 수 있다는 것이다. 5펜스의 부담금은 세금이지만, 시장 실패가 아니라 행동 편향을 바로잡기 위해 설계된 세금이다(실제로는 거의 아무짝에도 쓸모없는 비닐봉지를 대량으로 쟁여두는 행위가 딱히 합리적이지는 않다고 가정한다면). 비닐봉지를 쟁여두는 것은 자신이 가진 물건의 가치를 과대평가하는 소유 효과의 발현인지도 모른다. 비닐봉지를 쟁여두는 심리적 이유가 무엇이든 기존 조세를 활용하여 쓸모없는 비닐봉지를 쌓아두는 행위나 비닐봉지를 낭비하고 버리는 행위를 그만두도록 유도할 수 있다. 하지만 여기에서도 의도하지 않은 결과가 일어났으며 비닐봉지의 전체 사용량이 줄지 않았다는 증거도 있다. 많은 사람들이 더는 슈퍼마켓 비닐봉지를 쓰레기봉투로 재활용하지 않았다. '재사용 쇼핑백(bags for life)'과 질긴 쓰레기봉투를 비롯한 그 밖의 더 큰 비닐봉지 구입이 증가한 탓에, 5펜스 부담금에서 기대한 긍정적 환경 영향의 일부(아마도 전부)가 무위로 돌아갔다.

정책의 미래

행동공공정책의 미래는 유망하다. 정부 정책 부처의 특수 부서들이 좋은 성과를 거뒀는데, 가장 유명한 것은 영국의 전 총리 데이비드 캐머런(David Cameron)의 내각에 속해 있던 행동통찰팀(Behavioural Insights team, '넛지팀Nudge Unit'이라는 별명으로 불린다)일 것이다. 넛지팀은 상업적으로 엄청난 성과를 올리고 있으며 긍정적이든 부정적이든 국내외에서 많은 관심을 받고 있다.

하지만 여기에는 위험도 따른다. 행동공공정책이 무척 유행하는 것은 사실이지만, 모든 유행이 그렇듯 지나치게 부풀려지고 있으며 역풍을 맞기도 쉽다. 넛지를 둘러싼 행동경제학적 통찰과 정책을 놓고 열띤 흥분이 일었지만, 이런 정책 개입이 실제로 얼마나 효과적이고 오래갈지에 대해서는 근거를 더 수집해야 한다. 우리는 탄탄한 통계 분석을 활용하여 이런 넛지가 실제로 효과적이며 큰 규모에서 성과를 낼 수 있음을 입증할 수 있을까? 지금까지 밝혀진 긍정적 영향이 다양한 연구에서도 재현될 수 있을까? 넛지 정책은 금세 사라질 단기적 효과를 가진 눈속임 정책에 불과할까? 넛지의 시도 대상이 된 사람들은 결국 예전의 습관과 선택으로 돌아갈까? 아니면 행동 정책 넛지는 더 강하고 오래가는 영향을 미칠까?

행동공공정책과 관련하여 가장 심오한 교훈들이 살아남도

록 하려면 정책이 언제 어디서 효과가 있는가뿐 아니라 언제 어디서 효과가 '없는가'도 입증할 수 있는 탄탄하고 학문적으로 엄밀한 근거를 확립하는 일이 중요할 것이다. 대다수 학술 연구의 문제는 부정적 결과를 발표하기가 쉽지 않다는 것이다. 정책 개입이 효과를 거두지 못했다는 연구 결과를 읽는 것은 놀랍도록 긍정적인 편익을 발생시켰다는 연구 결과를 읽는 것만큼 흥미진진하지는 않기 때문이다. 행동경제학이 우리에게 알려주는 것은 가장 기억하기 쉬운 정보를 우리가 과대평가하는 경향이 있다는 것이며, 이는 행동공공정책 근거에 대해서도 마찬가지다.

정책 입안자들이 빠지기 쉬운 또다른 함정은 시장 실패와 제도 실패를 해결하는 데 성과를 발휘한 기존 경제 정책을 외면하는 것이다. 넛지는 정책 분야에서 인기를 끌고 있지만, 그로 인해 시장과 제도의 실패를 효과적으로 해결할 수 있는 전통적 정책 수단을 외면하게 되지는 않았을까? 넛지는 사람들의 편향과 실수를 바로잡지만, 사람들이 더 효과적으로 결정하도록 돕는 것은 시장 실패와 제도 실패를 없애는 것과 별개문제다. 앞으로 정책 입안자들은 행동경제학적 통찰이 어떻게 기존 경제 정책 수단을 대체하기보다는 보완할 수 있는가를 면밀히 들여다보아야 한다. 이 시나리오에서 던질 수 있는 핵심적인 정책 질문은 어떻게 하면 기존 정책과 행동경제학적 정책 중 어느 하나에 치우치지 않고 둘을 더 효과적으로 조율할 수 있는가다. 이러한 정책 균형을 유지할 수 있다면 행동경제학은 훨씬 다양한 시장 실패와 행동 편향을 해결할 수 있는 강력한 도구를 우리에게 선사하고 개인, 경제, 사회에 긍정적 편익을 가져다줄 것이다.

감사의 말

내 편집자 조이 멜러의 열정, 치밀한 원고 작업, 훌륭한 조언, 그리고 도러시 매카시의 철저한 교정과 내용 판단에 감사한다. 적절한 조언을 해주고 초반에 제안서의 방향을 잡아준 앤드리아 키건, 원고를 출판에 이르기까지 효율적으로 이끌어준 제니 너지, 삽화에 대해 도움과 조언을 베푼 데버러 프로더로, 그리고 교정·교열에 참여한 루비 컨스터블, 클로이 머슨, 마사 커닝을 비롯하여 옥스퍼드대 출판부의 모든 이들에게도 감사한다. 제작 과정을 총괄한 사라스와티 에티라주에게도 감사한다. 제안서와 초고를 읽고 빼어난 사유와 조언을 제시한 익명의 검토자들에게도 감사한다. 물론 언제나 그렇듯 오류와 누락은 내 탓이다.

우리 가족, 친구, 학생, 동료를 비롯하여 원고를 살펴봐준 모든 이에게도 감사한다. 무엇보다 원고를 샅샅이 읽고 훌륭한 조언을 해준 피트 런, 초고에 열정적으로 의견을 제시하고 2장의 타이 사례에서도 조언해준 니시 솜바트루앙에게 감사한다. 옥스퍼드 VSI 시리즈에 글 쓰는 것을 고려해보라고 애초에 권한 유니버시티 칼리지 시절 학생 조지핀 플레츠를 특별히 언급해두고자 한다.

마지막으로, 내가 무슨 일을 하든 너그럽고 온화하고 꾸준하게 뒷받침해준 남편 크리스에게 감사한다.

참고문헌 및 독서안내

제1장 경제학과 행동

행동경제학 입문서는 아래와 같이 여러 종류가 있다.

Ariely, D. (2008) *Predictably Irrational — The Hidden Forces that Shape Our Decisions*, New York: Harper Collins. (『상식 밖의 경제학』, 청림출판, 2018)

Gigerenzer, G. (2014) *Risk Savvy: How to Make Good Decisions*, London: Penguin Books.

Kahneman, D. (2011) *Thinking, Fast and Slow*, London: Allen Lane. (『생각에 관한 생각』, 김영사, 2018)

Thaler, R. H. (2015) *Misbehaving: The Making of Behavioural Economics*, London: Allen Lane. (『똑똑한 사람들의 멍청한 선택』, 리더스북, 2016)

경제학 배경 지식을 요하는 학술적 입문서는 아래와 같다.

Baddeley, M. (2013) *Behavioural Economics and Finance*, Routledge: Abingdon.

Earl, P. E. and Kemp, S. (1999) *The Elgar Companion to Consumer Research and Economic Psychology*, Cheltenham: Edward Elgar.

Laibson, D. and List, J. E. (2015) Principles of (behavioral) economics, *American Economic Review* 105(5): 385–90.

경제학에서의 합리성에 관해서는 아래와 같이 방대한 문헌이 있다.

Simon, H. A. (1955) A behavioural model of rational choice, *Quarterly*

Journal of Economics 69: 99-118.

Leibenstein, H. (1976) *Beyond Economic Man*, Cambridge, MA: Harvard University Press.

Smith, V. L. (2003) Constructivist and ecological rationality in economics, *American Economic Review* 93(3): 465-508.

제2장 동기와 유인

동기와 유인을 행동경제학으로 분석한 문헌은 아래와 같다.

Ariely, D. A., Bracha, A., and Meier, S. (2009) Doing good or doing well? Image motivation and monetary incentives in behaving prosocially, *American Economic Review* 99(1): 544-55.

Bénabou, R. and Tirole, J. (2006) Incentives and prosocial behavior, *American Economic Review* 96(5): 1652-78.

Frey, B. S. and Jegen, R. (2001) How intrinsic motivation is crowded out and in, *Journal of Economic Surveys* 15(5): 589-611.

노동 시장에서의 사회적 유인과 선물 교환을 분석한 문헌은 아래와 같다.

Akerlof, G. A. (1982) Labor contracts as partial gift exchange, *Quarterly Journal of Economics* 97(4): 543-69.

이 장에서 서술한 간호학교 사례는 아래에서 자세히 설명한다.

Gneezy, U. and Rustichini, A. (2000) A fine is a price, *Journal of Legal Studies* 29(1): 1-17.

제3장 사회적 삶

사회적 선호 및 이와 관련된 실험 연구에 대한 주요 논문은 아래와 같다.

Berg, J. E., Dikhaut, J., and McCabe, K. (1995) Trust, reciprocity and social history, *Games and Economic Behavior* 10(1): 122–42.

Fehr, E. and Gächter, S. (2000) Cooperation and punishment in public goods experiments, *American Economic Review* 90(4): 980–94.

Fehr, E. and Schmidt, K. M. (1999) Theory of fairness, competition and cooperation, *Quarterly Journal of Economics* 114(3): 817–68.

Güth, W., Schmittberger, R., and Schwarze, B. (1982) An experimental analysis of ultimatum bargaining, *Journal of Economic Behavior and Organisation* 3: 367–88.

Henrich, J., Boyd, R., Bowles, S., Camerer, C., Fehr, E., Gintis, H., and McElreath, R. (2001) In search of *homo economicus*: behavioral experiments in 15 small-scale societies, *American Economic Review* 91(2): 73–8.

군집 행동의 신경경제학 연구에 대해 자세히 알고 싶으면 아래를 보라.

Baddeley, M. (2010) Herding, social influence and economic decision-making: socio-psychological and neuroscientific analyses, *Philosophical Transactions of the Royal Society B* 365(1538): 281–90.

Singer, T. and Fehr, E. (2005) The neuroeconomics of mind reading and empathy, *American Economic Review* 95(2): 340–5.

군집 행동과 사회적 학습에 대한 경제학 분야의 주요 논문은 아래와 같다.

Anderson, L. and Holt, C. (1996) Classroom games: information cascades, *Journal of Economic Perspectives* 10(4): 187–93.

Banerjee, A. (1992) A simple model of herd behavior, *Quarterly Journal of Economics* 107(3): 797–817.

Bikhchandani, S., Hirshleifer, D., and Welch, I. (1998) Learning from the behavior of others: conformity, fads, and informational cascades, *Journal of Economic Perspectives* 12(3): 151–70.

제임스 서로위키는 일반인을 위한 근사한 입문서를 썼다.

Surowiecki, J. (2004) *The Wisdom of Crowds: Why the Many Are Smarter than the Few*, London: Abacus. 〔『대중의 지혜』, 랜덤하우스코리아, 2005〕

학술 연구와 전문가 의견에서의 군집 행동을 분석한 글은 아래를 보라.

Baddeley, M. (2015) Herding, social influences and behavioural bias in scientific research, *European Molecular Biology Organisation Reports* 16(8): 902–5.

Baddeley, M. (2013) Herding, social influence and expert opinion, *Journal of Economic Methodology* 20(1): 37–45.

거울 뉴런과 모방에 대한 초기 분석은 아래를 보라.

Rizzolati, G. and Craighero, L. (2004) The mirror neuron system, *Annual Reviews of Neuroscience* 27: 169–92.

행동경제학에서의 정체성에 대해 자세히 알고 싶으면 아래를 보라.

Akerlof, G. A. and Kranton, R. E. (2011) *Identity Economics — How our Identities Shape Our Work, Wages and Wellbeing*, Princeton: Princeton University Press. 〔『아이덴티티 경제학』, 랜덤하우스코리아, 2010〕

집단의 영향을 포착하는 솔로몬 애시의 원래 선(線) 실험을 서술한 문헌은 아래와 같다.

Asch, S. E. (1955) Opinions and social pressure, *Scientific American* 193(5): 31–5.

제4장 빠른 판단

이 장의 선택 실험을 서술한 문헌은 아래와 같다.

Iyengar, S. and Lepper, M. (2000) When choice is demotivating, *Journal of Personality and Social Psychology* 79(6): 995–1006.

선택 과부하의 근거는 들쭉날쭉하며, 근거에 대한 메타 분석에 관해서는 아래를 보라.

Chernev, A., Böckenholt, U., and Goodman, J. (2015) Choice overload: A conceptual review and meta-analysis, *Journal of Consumer Psychology* 25(2): 333–58.

Scheibehenne, B., Greifeneder, R., and Todd, P. M. (2010) Can there ever be too many options? A meta-analytic review of choice overload, *Journal of Consumer Research* 37(3): 409–25.

어림짐작과 편향에 대한 카너먼과 트버스키의 기념비적 논문은 아래와 같다.

Tversky, A. and Kahneman, D. (1974) Judgement under uncertainty: Heuristics and biases, *Science* 185: 1124–31.

인지 부조화에 대해서는 아래를 보라.

Akerlof, G. A. and Dickens, W. T. (1982) The economic consequences of cognitive dissonance, *American Economic Review* 72(3): 307–19.

세일러와 베나치가 기본 선택지를 응용한 것에 대해서는 아래를 보라.

Thaler, R. H. and Benartzi, S. (2004) Save More Tomorrow™: using behavioral economics to increase employee saving, *Journal of Political Economy* 112(1): S164–S187.

제5장 위험이 따르는 선택

전망 이론에 대한 기념비적 논문은 아래와 같다.

Kahneman, D. and Tversky, A. (1979) Prospect theory—an analysis of decision under risk, *Econometrica* 47(2): 263–92.

후회 이론을 소개하는 논문은 아래와 같다.

Loomes, G. and Sugden, R. (1982) Regret theory: an alternative theory of choice under uncertainty, *Economic Journal* 92(368): 805–24.

이 장에서 언급한 손실 회피, 보유 효과, 현상 유지 편향에 대한 그 밖의 연구는 아래와 같다.

Kahneman, D., Knetsch, J., and Thaler, R. (1991) Anomalies: The endowment effect, loss aversion and status quo bias, *Journal of Economic Perspectives* 5(1): 193–206.

Viscusi, W. Kip, Magat, W. A., and Huber, J. (1987) An investigation of the rationality of consumer valuations of multiple health risks, *Rand Journal of Economics* 18(4): 465–79.

이 장에서 인용한 시간 할인에 대한 기념비적 논문은 신경과학과 행동생태학을 비롯하여 행동경제학과 경제심리학 등의 연구를 망라한다. 이 장에서 인용한 연구와 분석은 아래와 같다.

Ainslie, G. (1974) Impulse control in pigeons, *Journal of the Experimental Analysis of Behavior* 21(3): 485-9.

Angeletos, G.-M., Laibson, D., Repetto, A., Tobacman, J., and Weinberg, S. (2001) The hyperbolic consumption model: Calibration, simulation, and empirical evaluation, *Journal of Economic Perspectives* 15(3): 47-68.

Camerer, C. F., Babcock, L., Loewenstein, G., and Thaler, R. H. (1997) Labour supply of New York City cab drivers: One day at a time, *Quarterly Journal of Economics* 112(2): 407-41.

DellaVigna, S. and Malmendier, U. (2006) Paying not to go to the gym, *American Economic Review* 96(3): 694-719.

Duflo, E., Kremer, M., and Robinson, J. (2011) Nudging farmers to use fertilizer: Theory and experimental evidence from Kenya, *American Economic Review* 101(6): 2350-90.

Glimcher, P. W., Kable, J., and Louie, K. (2007) Neuroeconomic studies of impulsivity: No or just as soon as possible, *American Economic Review* 97(2): 142-7.

Laibson, D. (1997) Golden eggs and hyperbolic discounting, *Quarterly Journal of Economics* 112: 443-78.

McClure, S. M., Laibson, D. I., Loewenstein, G., and Cohen, J. D. (2004) Separate neural systems value immediate and delayed rewards, *Science* 306: 503-7.

Mischel, W., Shoda, Y., and Rodriguez, M. L. (1989) Delay of gratification in children, *Science* 244(4907): 933-8.

Mulcahy, N. J. and Call, J. (2006) Apes save tools for future use, *Science* 312: 1038–40.

O'Donoghue, T. and Rabin, M. (2001) Choice and procrastination, *Quarterly Journal of Economics* 116 (1): 121–60.

Read, D., Loewenstein, G., and Montague, M. (1999) Choice bracketing, *Journal of Risk and Uncertainty* 19 (1–3): 171–97.

Rick, S. and Loewenstein, G. (2008) Intangibility in intertemporal choice, *Philosophical Transactions of the Royal Society B* 363 (1511): 3813–24.

Strotz, R. H. (1955) Myopia and inconsistency in dynamic utility maximization, *Review of Economic Studies* 23: 165–80.

Thaler, R. H. (1999) Mental accounting matters, *Journal of Behavioral Decision Making* 12: 183–206.

Warner, J. T. and Pleeter, S. (2001) The personal discount rate: Evidence from military downsizing programs, *American Economic Review* 91 (1): 33–53.

제7장 성격, 기분, 감정

5대 요인 성격 검사와 인지적 성찰 검사(CRT)에 대한 논문은 아래를 보라.

Frederick, S. (2005) Cognitive reflection and decision-making, *Journal of Economic Perspectives* 19 (4): 25–42.

McCrae, R. R. and Costa, P. T. (1987) Validation of the five-factor model of personality across instruments and observers, *Journal of Personality and Social Psychology* 52: 81–90.

'방망이와 공' CRT 질문의 답은 공이 5센트 든다는 것이다.

유인이 실험 참가자의 응답에 어떤 영향을 미쳤는지에 대해서는 아래를 보라.

Gneezy, U. and Rustichini, A. (2000) Pay enough or don't pay at all, *Quarterly Journal of Economics* 115(3): 791–810.

유전학과 성격에 대한 데이비드 세서리니 연구진의 연구에 대해서는 아래를 보라.

Cesarini, D., Dawes, C. T., Johannesson, M., Lichtenstein, P., and Wallace, B. (2009) Genetic variation in preferences for giving and risk taking, *Quarterly Journal of Economics* 124(2): 809–42.

성격과 경제적 생활기회에 대한 그 밖의 문헌은 아래를 보라.

Borghans, L., Duckworth, A. L., Heckman, J. J., and Ter Weel, B. (2008) The economics and psychology of personality traits, *Journal of Human Resources* 43(4): 972–1059.

Heckman, J., Moon, S. H., Pinto, R., Savelyev, P., and Yavitz, A. (2010) The rate of return to the HighScope Perry Preschool Program, *Journal of Public Economics* 94(1–2): 114–28.

Mischel, W., Shoda, Y., and Rodriguez, M. L. (1989) Delay of gratification in children, *Science* 244(4907): 933–1038.

감정과 관련하여 인용된 문헌은 아래와 같다.

Elster, J. (1998) Emotions and economic theory, *Journal of Economic Literature* 36(1): 47–74.

le Doux, J. E. (1996) *The Emotional Brain*, New York: Simon & Schuster.

감정과 선호에 대한 댄 애리얼리 연구진의 연구는 아래를 보라.

Lee, L., Amir, O., and Ariely, D. (2009) In search of homo economicus: Cognitive noise and the role of emotion in preference consistency, *Journal of Consumer Research* 36(2): 173–87.

중독 문헌은 게리 베커의 합리적 중독 모형에 대한 응답이다.

Becker, G. S. and Murphy, K. M. (1988) A theory of rational addiction, *Journal of Political Economy* 96(4): 675–700.

중독에 대한 행동경제학의 대안적 분석은 아래와 같다.

Baddeley, M. (2013) Bad habits, *Behavioural Economics and Finance*, Routledge: Abingdon, 10장.

Bernheim, B. D. and Rangel, A. (2004) Addiction and cue-triggered decision processes, *American Economic Review* 94(5): 1558–90.

Laibson, D. I. (2001) A cue-theory of consumption, *Quarterly Journal of Economics* 116(1): 81–119.

Loewenstein, G. (1996) Out of control: Visceral influences on decision making, *Organizational Behavior and Human Decision Processes* 65(3): 272–92.

캐머러 등의 개괄 논문은 신경경제학에 대한 훌륭한 소개 자료다. 이를테면 아래와 같다.

Camerer, C. F., Loewenstein, G., and Prelec, D. (2005) Neuroeconomics: How neuroscience can inform economics, *Journal of Economic Literature* 43(1): 9–64.

이중 체계 모형과 신체 표지 가설에 대한 입문서는 아래를 보라.

Damasio, A. R. (1994) *Descartes' Error: Emotion, Reason, and the Human Brain*, London: Vintage. (『데카르트의 오류』, 중앙문화사, 1999)

Kahneman, D. (2003) Maps of bounded rationality: Psychology for behavioral economics, *American Economic Review* 93(5): 1449-75.

Kahneman, D. (2011) *Thinking, Fast and Slow*, London: Allen Lane. (『생각에 관한 생각』, 김영사, 2018)

이 장에서 인용된 경제학과 금융에서의 신경경제학적 감정 분석은 아래를 보라.

Coates, J. M. and Herbert, J. (2008) Endogenous steroids and financial risk taking on a London trading floor, *Proceedings of the National Academy of Sciences* 105(16): 6167-72.

Cohen, J. D. (2005) The vulcanization of the human brain: A neural perspective on interactions between cognition and emotion, *Journal of Economic Perspectives* 19(4): 3-24.

Knutson, B. and Bossaerts, P. (2007) Neural antecedents of financial decisions, *Journal of Neuroscience* 27(31): 8174-7.

Kuhnen, C. and Knutson, B. (2005) The neural basis of financial risk taking, *Neuron* 47(5): 763-70.

Lo, A. W. and Repin, D. V. (2002) The psychophysiology of real-time financial risk processing, *Journal of Cognitive Neuroscience* 14(3): 323-39.

Sanfey, A. G., Rilling, J. K., Aronson, J. A., Nystrom, L. E., and Cohen, J. D. (2003) The neural basis of economic decision-making in the Ultimatum Game, *Science* 300: 1755-8.

Shiv, B., Loewenstein, G., Bechara, A., Damasio, H., and Damasio, A. R. (2005) Investment behaviour and the negative side of emotion, *Psychological Science* 16(6): 435-9.

Smith, K. and Dickhaut, J. (2005) Economics and emotions: Institutions matter, *Games and Economic Behavior* 52: 316–35.

Tuckett, D. (2011) *Minding the Markets: An Emotional Finance View of Financial Instability*, Basingstoke: Palgrave Macmillan.

제8장 거시경제에서의 행동

행동거시경제학의 초창기 주요 저작은 아래와 같다.

Katona, G. (1975) *Psychological Economics*, New York: Elsevier.

Keynes, J. M. (1936) *The General Theory of Employment, Interest and Money*, London: Macmillan, 특히 12장. (『고용, 이자, 화폐의 일반이론』, 필맥, 2010)

Minsky, H. (1986) *Stabilizing an Unstable Economy*, New Haven, CT: Yale University Press.

조지 애컬로프는 노벨상 강연에서 여러 핵심 주제를 망라했다.

Akerlof, G. (2002) Behavioral macroeconomics and macroeconomic behavior, *American Economic Review* 92(3): 411–33.

탈리 샤롯은 낙관 편향에 대한 흥미로운 연구를 진행했다. 그녀의 연구는 아래에 소개되어 있다.

Sharot, T. (2011) *The Optimism Bias: Why We're Wired to Look on the Bright Side*, New York: Pantheon Books. (『설계된 망각』, 리더스북, 2013)

이 장에서 인용한 그 밖의 낙관 연구는 아래와 같다.

Ifcher, J. and Zarghamee, H. (2011) Happiness and time preference:

The effect of positive affect in a random-assignment experiment, *American Economic Review* 101(7): 3109-29.

National Audit Office (2013) Over-optimism in government projects. Report by the UK's National Audit Office.

몇몇 현대 행동거시경제학 분석과 모형은 아래와 같다.

Akerlof, G. and Shiller, R. (2009) *Animal Spirits: How Human Psychology Drives the Economy and Why it Matters for Global Capitalism*, Princeton: Princeton University Press. (『야성적 충동』, RHK, 2009)

Baddeley, M. (2016) Behavioural macroeconomics: Time, optimism and animal spirits, in R. Frantz, S.-H. Chen, K. Dopfer, F. Heukelom, and S. Mousavi (eds), *Routledge Handbook of Behavioural Economics*, New York: Routledge, pp. 266-79.

de Grauwe, P. (2012) Booms and busts in economic activity: A behavioural explanation, *Journal of Economic Behavior and Organisation* 83(3): 484-501.

Farmer, R. E. A. (2012) Confidence, crashes and animal spirits, *Economic Journal* 122(559): 155-72.

Howitt, P. and McAfee, R. P. (1992) Animal spirits, *American Economic Review* 82(3): 493-507.

Woodford, M. (1990) Learning to believe in sunspots, *Econometrica* 58: 277-307.

기분과 날씨가 금융 시장에 어떤 영향을 미치는지에 대해 이 장에서 언급한 문헌을 비롯하여 금융 시장 거품과 불안정의 분석에 대해서는 아래를 보라.

Hirshleifer, D. and Shumway, T. (2003) Good day sunshine: Stock returns and the weather, *Journal of Finance* 58(3): 1009-32.

Kamstra, M. J., Kramer, L. A., and Levi, M. D. (2003) Winter blues: A SAD stock market cycle, *American Economic Review* 93(1): 324–43.

Kindleberger, C. P. (2001) *Manias, Panics and Crashes: A History of Financial Crises* (4th edition), Hoboken, NJ: John Wiley. 〔『광기, 패닉, 붕괴: 금융 위기의 역사』, 굿모닝북스, 2006〕

사회적 분위기에 대한 로버트 프렉터 등의 소개는 아래를 보라.

Casti, J. L. (2010) *Mood Matters: From Rising Skirt Lengths to the Collapse of World Powers*, Berlin: Springer-Verlag. 〔『대중의 직관』, 반비, 2012〕

행복과 후생에 대한 기초 문헌은 아래와 같다.

Haybron, D. M. (2013) *Happiness: A Very Short Introduction*, Oxford: Oxford University Press.

Layard, R. L. (2005) *Happiness: Lessons from a New Science*, London: Penguin. 〔『행복의 함정』, 북하이브, 2011〕

O'Donnell, G., Deaton, A., Durand, M., Halpern, D., and Layard, R. (2014) *Wellbeing and Policy*, London: Legatum Institute.

Oswald, A. J., and Wu, S. (2010) Objective confirmation of subjective measures of human well-being: Evidence from the U.S.A., *Science* 327(5965): 576–79.

The World Bank, Happiness Report, various years, Washington, DC: World Bank. 〈http://worldhappiness.report〉.

제9장 경제적 행동과 공공 정책

정책 입안자에게 영향력 있는 행동경제학 입문서는 아래와 같다.

Dolan, P., Hallsworth, M., Halpern, D., King, D., and Vlaev, I. (2010) *Mindspace — Influencing Behaviour Through Public Policy*, London: Cabinet Office/Institute for Government.

Schultz, P. W., Nolan, J. M., Cialdini, R. B., Goldstein, N. J., and Griskevicius, V. (2007) The constructive, destructive, and reconstructive power of social norms, *Psychological Science* 18(5): 429–34.

Thaler, R. and Sunstein, C. (2008) *Nudge — Improving Decisions about Health, Wealth and Happiness*, New Haven, CT: Yale University Press. 〔『넛지』, 리더스북, 2018〕

에너지를 둘러싼 행동경제학적 성찰을 개관한 문헌은 아래와 같다.

Baddeley, M. (2015) Behavioural approaches to managing household energy consumption, in F. Beckenbach and W. Kahlenborn (eds), *New Perspectives for Environmental Policies through Behavioural Economics*, Berlin: Springer, pp. 2013–235.

또한 캐스 선스타인은 기본 선택지를 둘러싼 정책 넛지에 대해 심오하고 사려 깊은 글을 썼다.

Sunstein, C. (2015) *Choosing Not to Choose: Understanding the Value of Choice*, Oxford: Oxford University Press.

역자 후기

　내가 행동경제학이라는 학문을 알게 된 것은 2000년 대학원에서 수강한 '판단과 의사 결정' 수업에서였다. 그때 카너먼과 트버스키의 이름을 처음 들었다. 당시의 많은 사람들처럼 나도 주류 계량경제학이 과연 현실에 부합하는지에 회의를 느끼던 터라 이들의 도발적 주장에 반색한 기억이 난다. 그 뒤로 『생각에 관한 생각』, 『넛지』 등의 대중서가 출간되면서 행동경제학은 적어도 일반인의 머릿속에서는 기존 경제학의 대안으로 확고하게 자리잡은 듯하다.

　하지만 행동경제학이 과연 전통적인 경제학 못지않은 설명력과 예측력을 가질 수 있을지, 단순한 흥밋거리가 아니라 현실에 적용했을 때 실제로 효과를 발휘할 것인지에 대해서는 반신반의할 수밖에 없다. 그래서 교유서가에서 이 책의 번역을 제안했을 때 덥석 받아들였다. 행동경제학의 전모를 이해하면 이런 궁금증을 해소할 수 있을 것 같았다.

이 책이 기존의 행동경제학 관련서와 다른 점은 거시행동경제학과 행동공공정책을 비중 있게 다룬다는 것이다. 이 두 분야를 간과하고서는 행동경제학의 현실 적용을 논할 수 없을 것이므로, 이 얇은 책에서 빼놓지 않고 언급했다는 것이 반갑다. 하긴 저자 미셸 배들리는 전문 분야가 사회적 의사 결정, 행동거시경제학, 노동경제학, 에너지·환경이므로 행동경제학의 현실 적용에 대한 글을 쓸 적임자다.

이 책을 작업하면서 특히 신경쓴 분야는 용어 번역이다. 입문서이기에 가독성이 높아야 하면서도 본격적인 저작들로 넘어가는 징검다리 역할을 해야 하기 때문이다. 문맥과 용법에 따라 기존 용어를 다듬거나 바꿔야 하는 것은 물론이다. 그래서 학계에 정착된 용어 번역을 존중하되, 경우에 따라서는 대중서의 번역을 차용하기도 했다.

여느 〈첫단추〉 시리즈와 마찬가지로 이 책 또한 행동경제학의 전모를 균형 있고 심도 깊게 탐구한다는 점에서 이 분야에 관심 있는 독자들에게 좋은 길잡이가 되리라 생각한다.

도판 목록

행동경제학
BEHAVIOURAL ECONOMICS

초판 1쇄 인쇄 2020년 2월 14일
초판 1쇄 발행 2020년 2월 24일

지은이 미셸 배들리
옮긴이 노승영
펴낸이 신정민

편집 최연희
디자인 강혜림
저작권 한문숙 김지영
마케팅 정민호 김경환
홍보 김희숙 김상만 오혜림 지문희 우상희
제작 강신은 김동욱 임현식

제작처 한영문화사(인쇄) 한영제책사(제본)
펴낸곳 (주)교유당
출판등록 2019년 5월 24일
　　　　　제406-2019-000052호
주소 10881 경기도 파주시 회동길 210
문의전화 031)955-8891(마케팅)
　　　　　031)955-2692(편집)
팩스 031)955-8855
전자우편 gyoyuseoga@naver.com
ISBN 979-11-90277-26-6 03300

- 이 도서의 국립중앙도서관 출판예정도서목록(CIP)은
  서지정보유통지원시스템 홈페이지(http://seoji.nl.go.kr)와
  국가자료공동목록시스템(http://www.nl.go.kr/kolisnet)에서 이용하실 수 있습니다.
  (CIP제어번호: CIP2020005111)